CARO LEITOR,
Queremos saber sua opinião sobre nossos livros.
Após a leitura, curta-nos no facebook.com/
editoragentebr, siga-nos no Twitter @EditoraGente,
no Instagram @editoragente e visite-nos no site
www.editoragente.com.br. Cadastre-se
e contribua com sugestões, críticas ou elogios.

ALINE SALVI

VIVA A SUA MELHOR VERSÃO

CONQUISTE SUCESSO E EQUILÍBRIO NA VIDA PESSOAL E PROFISSIONAL COM O MÉTODO QUE JÁ IMPACTOU MILHARES DE PESSOAS

Diretora
Rosely Boschini

Gerente Editorial
Rosângela Barbosa

Assistente Editorial
Giulia Molina

Produção Gráfica
Fábio Esteves

Preparação
Fernanda Guerriero

Capa, projeto gráfico
e diagramação
Vanessa Lima

Revisão
Laura Folgueira

Impressão
AR Fernandez

Copyright © 2020 by Aline Salvi
Todos os direitos desta edição
são reservados à Editora Gente.
Rua Original, 141/143 – Sumarezinho
São Paulo, SP– CEP 05435-050
Telefone: (11) 3670-2500
Site: www.editoragente.com.br
E-mail: gente@editoragente.com.br

Dados Internacionais de Catálogo na Publicação (CIP)
Angélica Ilacqua CRB-8/7057

Salvi, Aline
  Viva a sua melhor versão! : conquiste sucesso e equilibrio na vida pessoal e profissional com o método que já impactou milhares de pessoas/ Aline Salvi. — São Paulo : Editora Gente, 2020.
  192 p.

ISBN 978-65-5544-048-5

1. Desenvolvimento pessoal 2. Sucesso 3. Sucesso nos negócios 4. Autoconhecimento 5. Administração do tempo I. Título

20-3480   CDD 158.1

Índice para catálogo sistemático:
1. Desenvolvimento Pessoal 2. Carreira

NOTA DA PUBLISHER

Estabelecer um limite entre a vida pessoal e a profissional parece cada vez mais difícil, sobretudo depois que o trabalho invadiu os lares por meio do smartphone ou do home office. Arranjar um tempo para se dedicar a outros sonhos e objetivos não relacionados ao trabalho, então, parece impossível! Esse dilema ganha cada vez mais voz no mundo corporativo e ninguém sabe o que fazer para sair do ciclo vicioso de ser workaholic.

Aline Salvi, autora deste livro que você tem nas mãos, é alguém que viveu isso na pele. O que antes era impensável virou realidade: ela se tornou sua melhor versão – uma worklover que continua amando o que faz, mas que também consegue equilibrar todas as esferas da vida. E sabe o que é mais incrível? Você também pode encontrar a sua melhor versão aqui, dentro deste livro. Em *Viva a sua melhor versão* você encontrará uma metodologia facilmente aplicável e o melhor: já validada por mais de 200 mil pessoas.

Nós da Editora Gente temos o propósito de transformar o mundo com um livro por vez, e é com enorme satisfação e orgulho que lançamos o *Viva a sua melhor versão*, um livro que, com certeza, nos leva mais longe em direção a esse propósito.

Rosely Boschini – CEO e publisher da Editora Gente

DEDICATÓRIA

Dedico este livro ao meu filho Gianlucca, pois o nascimento dele me salvou e me transformou – e ainda vem transformando – em uma pessoa muito melhor, enquanto ser humano e profissional também. Ele transbordou a minha vida de motivação e propósito, me faz querer evoluir e viver minha melhor versão todos os dias a fim de deixar um legado neste mundo, contribuindo para um lugar melhor para ele e para todas as crianças que vão compor o rol dos jovens de sucesso em futuro próximo.

AGRADECIMENTOS

Meus sinceros motivos de gratidão...

A Deus, por ter me concebido a vida, uma saúde plena e uma fé inabalável para poder realizar cada um de meus sonhos e metas. À minha mãe, Volga Milan, que sempre me inspirou com sua força de viver e coragem para vencer; ao meu pai, Olívio Salvi, por me aconselhar e me apoiar; aos meus irmãos, Alex e Tedy, por se fazerem sempre presentes em minha vida e por continuarem cuidando de mim como a irmãzinha caçula. Aos meus afilhados, Eduarda e Carlos Eduardo, por me impulsionarem a deixar aqui o meu melhor legado para que dele possam usufruir com suas famílias no futuro. Ao meu marido, Fábio Schmidt, por dezenove anos de união e parceria e por ser o melhor pai para o filho mais perfeito com que o universo podia nos presentear.

Aos meus mentorados, por acreditarem, investirem e comprovarem os resultados da minha metodologia na prática e, claro, por serem os mais carinhosos e companheiros do mundo. Aos meus anjos, parceiros e membros da família IDP Mentoria 360°, pelo apoio, motivação, suporte, incentivo e carinho de todos os dias.

Aos meus seguidores, por me permitirem cumprir meu propósito de compartilhar meus aprendizados, com o maior número de pessoas possível, por fortalecerem cada dia mais nossa corrente do bem e fazerem parte fundamental do nosso exército do bem. Ao meu "filho de coração" Eric, que vive na Índia e cujo coração, mesmo de tão distante, me escolheu, há dois anos, para ser sua mamãe. Tenho orgulho de poder ajudar em seu desenvolvimento e sua educação.

A todos os meus amigos e parceiros de trabalho que de perto ou de longe se fizeram presentes e impactaram positivamente a minha trajetória. E, claro, ao meu filho Gianlucca, a minha maior razão de viver, meu presente de Deus e parceirinho de vida, por ter me salvado e me feito renascer. Gratidão por ter me escolhido para ser a sua mamãe.

Agradeço também ao prefaciador, Janguiê Diniz, a todos os que me presentearam com os depoimentos, a todo o time da Editora Gente e a todos que de alguma forma contribuiram para a realização deste sonho.

Gratidão,
Namastê

E até a realização do próximo sonho, pois melhor que sonhar é realizar. E lugar de sonhar é na cama; lugar de realizar é aqui e agora.

SUMÁRIO

Prefácio **13**
O que estão dizendo sobre este livro **16**
Introdução **25**

capítulo 1 Sem tempo! **35**

capítulo 2 Trabalho muito, mas não estou
satisfeito com minha vida **45**
Identificando o workaholic 47
Dados relevantes e alarmantes 48
A busca incessante por sucesso 51
O efeito colateral da vida workaholic 53

capítulo 3 Não está errado amar o trabalho **57**
Amor ao trabalho 60
Falta de autoconhecimento 62
Motivação financeira 62
Acreditar que trabalho
e prazer não combinam 63

capítulo 4 Virando a chave **67**
Autoconhecimento 72
Lapidação de seus talentos para
se tornar útil ao próximo 73
Propósito 73
Controle e gestão do tempo 74
Construção da rotina funcional 75

SUMÁRIO

capítulo 5 — Conhece-te a ti mesmo 79
    O autoconhecimento como fonte de evolução 83
    Como a meditação pode contribuir
    no processo de autoconhecimento 86
    Como praticar o autoconhecimento 92
    Case de sucesso 97

capítulo 6 — Encontre o seu talento e transforme-o! 101
    Descobrindo seus talentos 104
    E agora? 106
    Talentos natos x talentos adquiridos 108
    Encontre o seu denominador comum 109
    Combinando interesses diferentes 110
    Transformando seus talentos em algo
    útil ao próximo 111
    Case de sucesso 112

capítulo 7 — Para tudo há um propósito 115
    Por que encontrar um propósito? 117
    Definindo um propósito 118
    Leve o seu propósito
    com você na sua profissão 119
    Deixe o seu propósito conduzi-lo 122
    O propósito na prática 123

capítulo 8 — Faça a gestão do seu tempo 127
    Não existe falta de tempo,
    existe falta de prioridades 129
    Livre-se da procrastinação 130
    Como conseguir realizar tudo o que precisa 132
    Como escolher por onde começar? 136

Avalie-se!...137

Ferramenta para mensurar resultados: agenda funcional para conquista da sua vida extraordinária....................................138

capítulo 9 Construa a rotina certa......................................141

O que não pode faltar na rotina diária....................144

Meu dia a dia...144

Lei da atração 149

Faça uma rotina da sua rotina..................................150

A prática da gratidão como estilo de vida 154

capítulo 10 Colocando a mão na massa..159

Atitudes mentais fixas podem mantê-lo estagnado e distante dos seus sonhos 162

A prática constante da atitude mental progressiva lhe conduzirá a realização das suas metas..163

Seu sucesso é determinado por sua atitude mental e pela prática da comunicação humanizada......................................164

Empreendedor sem ação gera frustração.............168

Trabalhando a sua multipotencialidade 168

Como empreender sua multipotencialidade e não deixar que ela o sabote?....................................170

Pratique a humildade e peça ajuda quando preciso..175

O poder do *mastermind*..176

Faça da inovação a sua bússola...............................177

capítulo 11 Por fim, a sua melhor versão!..183

PREFÁCIO

"Não basta identificar os seus talentos, é preciso uni-los a um propósito e torná-los úteis ao próximo." Esta é a frase que abre o Capítulo 6 desta obra de Aline Salvi, empreendedora de sucesso, mentora, verdadeira inspiração para muitos. Essa sentença me chamou atenção. Ela resume com simplicidade e, ao mesmo tempo, profundidade o que é ser empreendedor, muito em linha com o que eu também defendo. Em *Viva a sua melhor versão*, Aline traz valiosas dicas e ensinamentos para quem, assim como ela, almeja empreender com sucesso e ter felicidade na vida, desenvolvendo-se e gerando valor para a sociedade.

Aline fala – ou melhor, escreve – com autoridade. O texto não tem teorias acadêmicas de outros pensadores, restritas ao plano das ideias, mas experiências vividas pela própria autora. Sua vida e trajetória são provas de seu sucesso e de que também você, leitor, pode alcançá-lo. Fácil? Não espere por isso. A trilha da prosperidade no empreendedorismo é sempre tortuosa e cheia de percalços, mas cada um destes torna quem os transpõe mais forte e resiliente, pronto para os desafios seguintes.

"Viver a sua melhor versão" significa buscar sempre ser melhor do que si próprio, desenvolver-se, encontrar-se no mundo, encontrar-se consigo mesmo. E tudo isso começa com o desejo de mudar — mas não um desejo vão, passageiro: é preciso almejar verdadeiramente mudar, ser diferente. É hora de romper com as barreiras que o impedem de progredir, e identificá-las é o primeiro passo; depois, é necessário buscar os meios para sair da inércia, da letargia; por fim, começar a caminhar "para fora da caixinha". Nessa trajetória, planejar é imperativo. Quando se tem um sonho, deve-se transformá-lo em um projeto de vida, traçar metas e estratégias para, então, com muita determinação, garra e resiliência, trabalhar para torná-lo realidade.

Empreendedorismo, defendo eu, não é apenas uma atividade ou "profissão", mas um estilo de vida. Engana-se quem pensa que empreender resume-se a criar empresas ou produtos. Muito mais que isso, é reunir características, habilidades e competências que o tornam diferente dos demais. Antes de tudo, aliás, é empreender na própria vida, para, então, buscar empreender nos negócios. Desenvolver o espírito empreendedor é o primeiro passo para o sucesso e para a vida plena. Foi exatamente esse caminho que Aline percorreu. Tornou-se uma empreendedora da vida, não apenas empresarial; por isso, tem respaldo para ensinar você a ser como ela.

Quando se fala em empreender, no entanto, é comum pensar em perder noites e noites de sono, estar distante da família, dedicar anos a um negócio para usufruir apenas no futuro. A autora demonstra que o caminho não precisa ser esse. É possível dedicar-se ao trabalho sem deixar a vida pessoal de lado. O ponto-chave é o equilíbrio. Aline conta que deixou de ser workaholic para ser "worklover", uma mudança muito expressiva de perspectiva. É conhecida a frase do filósofo chinês Confúcio que diz: "Trabalhe com o que você ama e nunca mais precisará trabalhar na vida". Essa é a essência do "worklover": tornar o trabalho um prazer. Isso facilita seu desempenho e sua vida como um todo, tornando-a mais feliz. Com essa mudança, todo o resto se

PREFÁCIO

encaixa e é beneficiado – principalmente a sua família. Quando você encontra o "tom" certo, a felicidade e a prosperidade são consequências fáceis. Muitas vezes, mudar pode parecer doloroso, ameaçador. Sim, vai ser incômodo, vai haver obstáculos e empecilhos, mas tudo vale a pena quando há um propósito por trás – no caso, o de alcançar a felicidade.

Considero *Viva a sua melhor versão* uma leitura obrigatória para todas e todos que buscam se desenvolver, despertar o empreendedor de sucesso dentro de si e encontrar a felicidade. Recomendo estas páginas especialmente às mulheres, pois nelas Aline relata como superou os desafios de empreender em um ambiente, infelizmente, ainda muito masculino. Torço para que a obra, portanto, inspire mais e mais mulheres a empreender. Precisamos de mais diversidade nos negócios, e a autora apresenta pontos de vista, opiniões e pensamentos que permitem resultados melhores e mais inovadores.

Desejo que este livro transforme a sua vida. Que todos os ensinamentos de Aline Salvi possam fazer surgir – ou aumentar – em você, leitor, a ambição (no melhor sentido da palavra) de encontrar sua melhor versão, com felicidade e prosperidade. Feliz nova vida.

São Paulo, 12 de agosto de 2020.

Janguiê Diniz
Fundador e controlador do Grupo Ser Educacional.
Presidente do Instituto Êxito de Empreendedorismo.

O QUE ESTÃO DIZENDO SOBRE ESTE LIVRO

❝ Salve, salve, Aline Salvi!

Nos tornamos uma versão melhor de nós mesmos quando reconhecemos que a felicidade precede o sucesso, nos libertamos do sentimento de culpa que o fracasso eventual nos provoca e passamos a viver intensamente a transformação, em conquistas extraordinárias, das 'impossibilidades' que a vida e, muitas vezes, nossos melhores amigos e pessoas queridas e próximas tentam nos convencer a não seguir. Ao fim e ao cabo, não importa quando a sua ideia vai dar certo, mas o momento de perseguir os seus objetivos com criatividade, entusiasmo e otimismo, até obter êxito!"

Ricardo Bellino, empreendedor serial, escritor de oito livros, já ostentou sociedades com Donald Trump e Jhon Casablancas.

❝ *Viva a sua melhor versão* é um valioso guia para quem quer iniciar ou expandir a sua jornada empreendedora. Aline Salvi, dotada de muita sabedoria, inspiração e sensibilidade, leva o leitor a uma reflexão sobre como é possível encontrar o equilíbrio entre a vida pessoal, a vida profissional e o sucesso nos negócios, desde que se saiba exatamente o que deseja alcançar.

O segredo, de acordo com Aline, é começar a agir agora, ainda que não se sinta completamente preparado. Ou seja, você pode começar agora a trilhar o caminho para o seu sucesso, com as ferramentas que tem em mãos, e transformar seus sonhos em realidade. Você quer dar uma guinada em sua vida? Recomendo, então, começar a ler estas páginas

O QUE ESTÃO DIZENDO SOBRE ESTE LIVRO

agora mesmo. Com certeza, encontrará respostas que há muito tempo está buscando para seguir rumo à sua realização plena. Boa leitura!"

Carlos Wizard Martins, empreendedor social, autor dos livros *Desperte o milionário que há em você*, *Sonhos não têm limites* e *Meu maior empreendimento*.

❝ Aline Salvi, escritora e ativista em várias entidades, inclusive no Mulheres do Brasil, nos apresenta uma proposta irrecusável: *Viva a sua melhor versão*, por meio de um texto claro e de leitura envolvente que fará muito bem a todos que procuram o equilíbrio entre a vida pessoal e profissional com propósito e amor."

Luiza Helena Trajano, presidente do Conselho da Magalu e do Grupo Mulheres do Brasil.

❝ Olá, pessoas, meu nome é Geraldo Rufino. Para quem não me conhece, eu sou empreendedor, família, escritor, palestrante e, acima de tudo, um ser humano. Quero propor uma reflexão de ser humano para ser humano, de empreendedor para empreendedor: quem é você? Quais são seus valores? Onde você está? De onde veio é relativo, mas para onde você quer ir e aonde quer chegar?

Existe uma imensidão de caminhos a seguir, e nestas próximas páginas você terá acesso a muitas delas, mas com o diferencial de este livro ter sido escrito por alguém que tem o poder de dar a vida, dar à luz, e que vem usando esse poder para fazer muito mais pela raça humana, por todos nós, empreendedores, que queremos ir para a próxima fase, alcançar mais um patamar como pessoa e, por consequência, ter mais resultados.

Imagine uma pessoa que é Deusa, mãe, família, empreendedora, criadora, amiga, gestora e, acima de tudo, um grande ser humano, que escreveu muitas linhas para que você. Aline Salvi, por meio de seu exemplo de mulher e de vida, resolveu contribuir apresentando-nos técnicas e estratégias criativas, com emoção, letra por letra, escrita por escrita. Conheço o suficiente para afirmar que tudo o que ela diz é vida real. Sou grato por ela ter nos dado a oportunidade de compartilhar o que vem fazendo por si mesma e por todo ser humano que deseja evoluir, construir, edificar, realizar e acender sua luz interior, fortalecendo o brilho de sucesso que existe dentro de cada um de nós. Aline vem fazendo isso de forma brilhante e muito habilidosa. A autora nos incentiva a praticar o autoconhecimento, fazendo-nos perceber quem nós somos. Alcançar autoconhecimento é olhar para dentro de si e perceber o gigante que existe em você. O passo a passo vivido por esse grande ser humano vai despertar o melhor que existe em você, em todas as principais áreas da sua vida.

Sou muito grato pela oportunidade de poder ser leitor, amigo, companheiro de trabalho, parceiros no Instituto Êxito, e acima de tudo companheiro de vida. Sim, pois nós temos essa essência, essa verdade da vida real. Sou muito grato a Aline, essa pessoa que eu admiro e respeito, por ela ter a grandeza, a humildade e a espontaneidade de dividir conosco um pedaço de dentro dela.

Eu gostaria que o leitor fizesse o mesmo: para cada linha que você ler, subscreva, feche os olhos, olhe para dentro de si. Reconheça-se, aceite-se. E que, além de uma leitura, vocês sigam juntos a mesma trajetória. Estas poucas linhas têm muito do meu coração, da minha emoção, da minha gratidão de poder fazer parte desse projeto, que é muito mais que um livro, muito mais que palavras ou escrita. Esta é uma oportunidade de nos tornarmos um ser humano melhor, mais fortes, mais resilientes, mais generosos, mais família, mais humanizados. Uma chance de encarar o novo normal em um futuro pós-pandemia, de ser mais determinado, humano, mais fortalecido e preparado para a próxima fase, com a oportunidade de perceber que o novo normal é ser um humano mais verdadeiro, psicologicamente mais equilibrado,

O QUE ESTÃO DIZENDO SOBRE ESTE LIVRO

saber fazer uso da tecnologia, das ferramentas mecânicas de inovação e, principalmente, de espiritualidade, amor, paixão, usando o coração para ser melhor do que ontem.

A certeza que tenho é que, após esta leitura, todos nós estaremos mais fortes, mais humanizados e com conteúdo mais que suficiente para aplicar em nossa vida e realizar nossas metas e sonhos.

Sinta-se preparado para a próxima fase, para viver o novo normal. A cada capítulo concluído, você vai se fortalecer mais e mais, e terá anticorpos o suficiente para finalizar esta leitura como um ser humano melhor.

Que Deus o abençoe. Tenha uma excelente leitura. Eu o encontro no final para trocarmos um abraço e comemorar a nossa inovação humana. Viva sua melhor versão!

Fique com Deus e até a última página."

Geraldo Rufino, fundador da JR Diesel, sócio do Instituto Êxito e autor dos best-sellers *O catador de sonhos* e *O poder da positividade.*

❝ *Viva a sua melhor versão* tem a capacidade de mudar a forma como enxergamos o mundo e as nossas próprias escolhas. Com uma experiência de vida que a fez repensar sua maneira de agir, Aline propõe aos leitores uma maneira diferente de encarar o empreendedorismo e a liderança.

Não se trata apenas de ter mais dinheiro, tempo ou controle. A alta performance está totalmente relacionada ao autoconhecimento, que é o primeiro passo rumo à construção de sua melhor versão. A autora mostra que é possível, sim, empreender, cuidar da própria saúde, da família e dos amigos, sem comprometer o negócio. Em uma sociedade cada vez mais conectada e imediatista, ter uma vida totalmente voltada ao trabalho é o primeiro passo para a infelicidade. E é disso que trata este livro, do poder das escolhas, da importância da gestão do tempo e da consciência de que vida pessoal e vida profissional devem ser desenvolvidas em paralelo. Você não precisa chegar ao extremo para valorizar o que considera realmente importante.

Como a própria Aline sempre diz, 'realizar é melhor do que sonhar', principalmente quando se tem a convicção de que está no caminho certo, colocando seu propósito em prática. Afinal, o sucesso é o legado dos que realizam."

João Kepler, Lead Partner da Bossa Nova Investimentos, empreendedor serial, investidor-anjo e autor dos livros Se vira, moleque!, Smart Money e Os segredos da gestão ágil por trás de empresas valiosas.

❝ Ser empreendedor é mais que ter um negócio próprio, é ter uma vida organizada e ao mesmo tempo livre para criar e realizar sonhos, por isso a obra da Aline Salvi é fundamental para entender como fazer isso de forma leve e funcional. A Aline é especialista em transformar vidas turbulentas em rotinas criativas que alavancam carreiras e negócios. Este livro é leitura obrigatória a todas as pessoas que desejam ter sucesso para que entendam de maneira prática como é importante administrar as próprias atividades dentro do tempo. Pois, como explicou a grande Aline Salvi, 'é se superando e lapidando os seus talentos diariamente que você viverá a sua melhor versão'."

Oséias Gomes, empresário, gestor e CEO da Odonto Excellence Franchising.

❝ Falar de Aline é falar de modelagem, uma pessoa em quem podemos nos inspirar, uma pessoa assertiva, de ações e metas. Sabe nos fazer olhar para nós mesmas, nos valoriza, empodera e nos dá uma direção, ampliando nossa visão partindo do nosso eu. A sua clareza e humanização na comunicação, a forma como se expressa nos faz pensar em possibilidades e caminhos de forma simples e eficaz. De forma leve, fácil e direcionada, ela nos faz olhar para nós, e nos identificarmos, com sua clareza e sua luz, que nos permite identificar nossos talentos, paixão e propósito. Nesta obra, ela nos conduz ao encontro de tudo isso, nos mostra de forma simples e prática como é possível viver em plenitude e ter sucesso na vida pessoal e profissional também."

Elisangela Hellmann, CEO da Realise – Serviços Organizacionais e mentora de negócios.

❝ *Viva a sua melhor versão* é um livro encantador. Uma abordagem direta e clara. Um livro que é tanto inspirador quanto prático.

Aline inclui histórias e ensinamentos valiosos sobre como podemos organizar nossa vida de empreendedor em torno da descoberta dos talentos e propósito. Ela nos convida a refletir e assumir o controle da vida, a ter um novo olhar sobre o que é sucesso e felicidade. Uma provocação sensata para viver intensamente a nossa melhor versão.

Este livro é para todos pretendem desenvolver relações mais profundas consigo e com os outros – o que significa que esta obra é para todos que desejam fazer desse mundo um mundo melhor."

Márcio Giacobelli, empresário, escritor, palestrante e consultor empresarial.

❝ Você tem dificuldades para tirar metas e objetivos do papel? Sabe que tem potencial para atingir o que almeja, mas não sabe como, falta foco?

A maior parte das pessoas sabem onde querem chegar mas não o que fazer para colocar o planejamento em ação.

Isso acontece por não se conhecerem verdadeiramente e não possuírem as ferramentas que os profissionais que já atingiram a alta performance conhecem e que os ajudam a alcançar as metas mais extraordinárias.

Aline Salvi, nesta obra, conduz as pessoas na aplicabilidade de conceitos e ferramentas capazes de eliminar a zona de conforto e promover a ação em busca de uma vida extraordinária e abundante.

Mais que um livro com experiências reais, Aline mostra o caminho e as ferramentas que a levaram a viver a sua melhor versão e a romper as barreiras do medo afim de tomar as decisões certas, reprogramar a sua mente, desenvolver e lapidar habilidades e aumentar as competências financeiras e profissionais.

Uma leitura enriquecedora e obrigatória para todos aqueles que buscam evoluir e ter sucesso na vida e nos negócios."

Chaim Zaher, fundador do grupo Sistema Educacional Brasileiro (SEB), escritor e mentor de negócios.

❝ Falar sobre a grande Aline Salvi é para mim uma grande satisfação e alegria! Tive a honra de conhecê-la e logo percebi que se tratava uma mulher especial, incrível e superdotada de sabedoria, garra profissional, seriedade e sucesso pessoal.

Essa linda mulher é uma desbravadora de inúmeros talentos, a sua história de vida é inspiradora e tem ajudado milhares de pessoas pelo mundo afora! Aline é uma vencedora em todas as etapas de sua vida! Além de uma excelente empreendedora e CEO do Instituto de Desenvolvimento Profissional – Mentoria 360º, é Embaixadora da Boa Vontade do Projeto de Responsabilidade Social – Amor pela Vida.

Aline Salvi é uma brasileira notável que dignifica e orgulha o Brasil. Parabéns, minha querida amiga, pelas suas ações que contribuem e muito com o desenvolvimento da sociedade!

Sou seu fã incondicional! Muito obrigado por me conceder à oportunidade de participar de seu livro, que já é sucesso absoluto para o mercado editorial global."

Josué dos Santos Ferreira, presidente do Instituto de Estudos Legislativos Brasileiro (Idelb), editor da revista *Jornal Notícias do Congresso Nacional* (JNCN) e embaixador da Paz pela Universal Peace Federation (UPF).

O QUE ESTÃO DIZENDO SOBRE ESTE LIVRO

❝ Será que é preciso se sacrificar tanto para o sucesso? Ou será que é possível usar melhor seu tempo e seu próprio potencial? Aline nos leva a refletir sobre o potencial que temos e que não usamos muitas vezes de forma inteligente. Viva uma nova versão, mais leve, mais produtiva, mais feliz. Leitura essencial!"

Carol Paiffer é presidente e diretora da área de Investimentos da Atom participações S.A. Trader referenciada e mentora de finanças.

❝ Eu acredito verdadeiramente que histórias inspiram histórias, e a história de vida e de empreendedorismo da Aline Salvi é inspiradora e provocadora. Inspiradora pois ela nos toca pela sua profundidade; provocadora porque ela nos provoca a agir, a colocar em ação nosso projeto de busca pela nossa melhor versão. De fato, quando inspiramos, estamos trazendo algo para dentro de nós, estamos nos preenchendo, e esse movimento é importante para nossa automotivação. Gosto de livros assim, gosto de leituras que não são apenas leituras e de autores que escrevem com a intenção de contribuir com as pessoas. Adepta da meditação, Aline compreende muito bem que, para evoluir como ser humano, é preciso autoconhecimento e equilíbrio emocional. Com muita propriedade, ela nos conduz a uma leitura que nos ajuda a perceber que tudo que queremos conquistar fora de nós começa pelo que está dentro."

José Roberto Marques, *master coach* sênior, presidente do Instituto Brasileiro de Coaching [IBC].

INTRODUÇÃO

"**Q**uanto mais eu trabalhar, mais eu vou ter sucesso na vida."

"Não importa o dia, não importa a hora, quanto mais eu fizer, melhores serão os meus resultados."

"Para empreender é preciso doar muito tempo de si mesmo; por isso, nunca mais terei tempo livre para minha família e meus amigos."

O leitor conhece alguém que pensa assim? Você pensa assim? Será que empreender é tão trabalhoso? Será que precisa mesmo sacrificar seus valores para ter sucesso no empreendedorismo? Você conhece alguém que pensa o tempo todo em trabalho e não tem tempo para mais nada? Que está sempre ocupado e na "correria" da rotina?

Se as 24 horas são as mesmas para todo mundo, por que uns dão conta de suas tarefas diárias e outros não? Por que alguns trabalham sem descanso e não conquistam tudo o que desejam, perdendo saúde e qualidade de vida no meio do caminho, e outros conseguem trabalhar, ter sucesso profissional, empreender e ainda cuidar da saúde e colocar em prática aquele projeto que havia anos estava engavetado?

Não tem a ver com ter mais tempo para "fazer nada" ou para se aposentar cedo e ficar "esperando a morte chegar", como diz a canção de Raul Seixas, e sim com otimizar a agenda para poder usufruir do seu tempo como você bem entender, com seus verdadeiros valores e suas paixões. Estudar outros idiomas, praticar os esportes que você curte, aprender a tocar um instrumento musical, ter tempo inclusive para o ócio criativo – pois manter a mente sempre agitada e com muitas informações borbulhando acaba bloqueando a sua criatividade e o impedindo de produzir e inovar. E as consequências disso são a estagnação e o engavetamento de metas e sonhos.

Quando aprende a empreender com alta performance, ou seja, produzindo mais em menos tempo, você se torna dono da sua agenda e passa a não vender mais o seu tempo, e sim a negociar as suas habilidades, aquilo que você faz de melhor, que todos percebem como seu grande talento ou potencial. Nesse momento, em que você se torna dono da sua agenda, o tempo passa a ser o seu melhor amigo, e o agora se torna literalmente um presente. Isso possibilita a realização de novos sonhos e projetos, além de reservar tempo para se doar ao próximo, participar de trabalhos voluntários e filantrópicos, manter um bom contato social e ampliar seu networking e suas conexões.

Você precisa aprender a gerir a própria vida, empreender em si mesmo, ser o próprio líder. Então, quando os resultados das suas ações forem percebidos, aí sim você estará pronto para replicar aos seus liderados – pois eles mesmos, por meio do exemplo e da admiração, vão lhe perguntar como consegue ter essa performance tão acima da média e vão se inspirar em você, usando-o como modelo, o que facilitará e muito o treinamento dos seus liderados.

E como se faz isso? Este é o ponto! Eu sei a resposta. E só a conheço porque vivi na prática a busca da tal resposta da vida plena, sem deixar de empreender, de ser saudável, de cuidar da minha família, de ter tempo para viajar, ir à academia, orar e descansar. E já adianto: a sucessão

INTRODUÇÃO

de atividades certas e nas doses certas o levará à vida plena que todo mundo deseja.

A verdade é que ninguém sonha em ter uma vida medíocre, mas poucos têm a coragem, disciplina e persistência necessárias para sair da mediocridade e da zona de conforto a fim de alcançar a zona de evolução. Costumo dizer que não existe evolução na zona de conforto. A evolução requer esforços diários, constância e consistência. É praticando a atenção plena na execução de cada tarefa que se propõe a fazer, oferecendo sempre o seu melhor, se superando, sendo melhor do que você mesmo todos os dias que se alcança a evolução.

Eu consegui sair de uma vida agitada, em que trabalhava por horas a fio e renunciava à minha vida pessoal. Deixei de ser uma verdadeira workaholic e passei a ter uma vida worklover a fim de evoluir e conseguir obter uma versão melhor de mim mesma, com propósito, sem medos, direto para o empreendedorismo de sucesso, tendo tempo para cuidar de mim e de quem eu amo.

Costumo dizer que tenho o empreendedorismo na veia. Desde muito cedo, já gostava de trabalhar. Aos 12 anos, ajudava minha mãe em seu salão de beleza e, às vezes, auxiliava no depósito de bebidas do meu padrasto também, em troca de coisas que meus pais consideravam desnecessárias, como uma roupa de marca ou uma viagem de excursão com as amigas. Aos 14 anos já empreendia, mesmo sem saber ao certo o significado da palavra empreendedorismo. Eu me tornei geradora de empregos e criei, desde então, minhas próprias fontes de renda – as quais, inclusive, sempre foram várias, pois nunca gostei de ter apenas uma fonte de renda e acredito que já nasci com a famosa multipotencialidade, sobre a qual falarei mais adiante.

Eu comecei comprando artigos femininos nas feiras e convenções de beleza que frequentava com minha mãe. No colégio, minhas amigas ficavam malucas e queriam peças iguais; muitas vezes eu dava o que estava vestindo, até ter a ideia de comprar peças a mais e revender. Pois empreendedorismo é muito mais que uma carreira ou fonte de renda, é um estado de espírito, são atitudes diárias que geram um estilo de vida empreendedor, que escolhi para mim. Desde pequena, compreendi que conseguia conquistar muito mais metas empreendendo em meus negócios do que ajudando meus pais em seus negócios. Percebi que era muito mais rentável empreender utilizando os meus próprios talentos do que vender meu tempo em troca de algum objetivo ou meta pessoal.

Uma das perguntas que mais me fazem é: "Qual foi a sua primeira motivação para começar a empreender tão cedo?". E a resposta é simples: eu *nunca* aceitei um não como resposta.

Tudo começou com o fato de eu não aceitar "não" como resposta. Quando meus pais me negavam um pedido, eu sempre perguntava o porquê do não. Quando a resposta era a falta de dinheiro, eu logo indagava: "O que tenho que fazer para conseguir esse valor?".

Precisei de pouco tempo para perceber que trabalhando *"by my self"* eu conseguia faturar mais do que trabalhando para minha mãe ou para meu padrasto, pois na segunda opção eu simplesmente trocava meu tempo por dinheiro ou por alguma coisa específica. Trabalhando para mim mesma, porém, fazendo minhas próprias regras, eu ganhava um valor muito maior.

Desde então, passei a me interessar mais e mais pelo universo do empreendedorismo e comecei a criar meus próprios processos e métricas de aperfeiçoamento. Entendi que não basta identificar nossos talentos, precisamos uni-los a um propósito e torná-los úteis ao próximo.

Tudo fluiu muito bem e, apesar das dificuldades, tive inúmeras conquistas e retorno financeiro. No entanto, depois de adoecer por estresse e longas jornadas de trabalho, percebi que não se trata de quantidade, e sim de qualidade e equilíbrio entre a vida pessoal e profissional, pois

Empreendedorismo é muito mais que uma carreira ou fonte de renda, é um estado de espírito, são atitudes diárias que geram um estilo de vida empreendedor.

tudo em excesso faz mal. Percebi a necessidade de unir meus valores e princípios ao meu trabalho e, assim, criar a minha própria rotina de sucesso funcional. E foi assim que iniciei minha jornada de transição do estilo de vida workaholic para worklover.

Longas jornadas de trabalho fazem que empreendedores acabem levando os problemas, a irritação e o estresse do trabalho para casa. Como consequência, lares, famílias e relacionamentos são desfeitos. A falta de tempo para cuidados com a saúde física, emocional e espiritual e momentos de qualidade com amigos e familiares pode ocasionar verdadeiros desastres na vida do empreendedor workaholic a médio e longo prazo. Disso, eu sei bem, pois senti na pele todas essas ausências e a consequência de cada uma delas. Posso afirmar que são catastróficas.

Você não precisa chegar ao extremo de ter sua saúde física e emocional prejudicada, tampouco uma família destruída, para só então tomar uma providência e promover melhorias em sua rotina. Dinheiro ou carreira nenhuma valem mais do que você, sua família, seu tempo com Deus e seus valores de maneira geral.

Por isso, eu o convido a conhecer e experimentar a rotina de worklover e descobrir que, sim, é possível conquistar plenitude e equilíbrio em todas as principais esferas da vida pessoal e nos negócios. Quando você se apaixona pelo processo, aprende com os erros, cresce com os tropeços e faz com propósito. Tudo, então, flui melhor. E o sucesso é apenas a consequência dos seus atos, de tudo o que você fizer aqui e agora.

A forma mais inteligente de aprendizado é observar as falhas, lições e experiências alheias. Você não precisa sangrar nem perder o que realmente importa para acordar para a vida e evoluir. Você pode e deve se inspirar em histórias reais de superação e perceber que se eu consegui superar minhas dificuldades e limitações e criar uma nova realidade muito mais saudável e funcional, você também pode. Não deixe a maior responsabilidade da sua vida — a sua felicidade e realização

— para amanhã nem nas mãos dos outros, pois elas são de sua inteira responsabilidade.

Como sempre digo: realizar é muito melhor que sonhar. Lugar de sonhar é na cama e lugar de realizar é aqui e agora. Não procrastine, não deixe para depois a sua felicidade. Dê o primeiro passo hoje, estabeleça metas diárias e mensure se elas o estão aproximando ou afastando dos seus sonhos.

O segredo é começar agora a agir, mesmo que você não se sinta completamente preparado. Aceitar que a busca por conhecimento e evolução deve ser uma constante essencial para o seu sucesso. Contudo, o que realmente importa neste momento é dar o primeiro passo. Aprender com a prática. Conhecer pessoas. Ter experiências. Tudo isso é essencial para empreender e realizar todos os seus projetos e sonhos futuros. Nada começa, muito menos se desenvolve, se você ficar só no mundo dos sonhos.

E para começar a realizar os seus sonhos e dar vida a eles você só precisa se empoderar de uma coisa: AÇÃO. Ter poder é simplesmente ter a habilidade de agir. Desde os primórdios, o poder era dado originalmente aos mais fortes fisicamente. Aqueles que saíam para caçar e levavam os alimentos com mais agilidade para sua família se tornavam líderes. Com o passar do tempo, o poder foi transmitido àqueles que possuíam uma herança especial adquirida por meio da realeza. Nos dias de hoje, quem tem conhecimentos e experiências geradas pelos próprios resultados tem maior poder. Pessoas que atingiram a excelência seguem a fórmula do sucesso: sabem exatamente o que querem e têm a coragem necessária para tomar a atitude no intuito de alcançar o que desejam. Além disso, notam rapidamente se a própria atitude está ou não funcionando e conseguem, mensurando seus resultados, mudar de abordagem quando necessário, em prol de alcançar metas. Esses indivíduos apresentam algumas características em comum: paixão, crenças fortalecedoras, valores bem definidos, energia e domínio da comunicação (abordarei todos esses itens mais à frente).

O sucesso, por sua vez, pode ser definido simplesmente como alcançar o que se deseja. O diferencial de uma pessoa bem-sucedida se encontra em sua clareza de saber exatamente o que deseja alcançar para ser feliz e, então, se sentir alguém de sucesso.

E a sua atitude de agora será ler estas páginas com atenção e colocar em prática tudo o que aprender com elas. Esse é o primeiro passo para a conquista de uma vida plena, com equilíbrio e sucesso na vida pessoal e profissional, superando-se e lapidando os seus talentos diariamente a fim de viver a sua melhor versão a cada novo dia. Para isso, porém, o seu primeiro desafio será refletir sobre qual é o significado da palavra sucesso para você. Isso mesmo: o que significa, na sua concepção, ter uma vida de sucesso? O que você considera verdadeiramente importante alcançar para se sentir bem-sucedido? Será que é mesmo necessário morar em uma casa enorme com vários carros importados na garagem, fazer viagens internacionais e frequentar restaurantes de luxo? Será que você realmente precisa disso para ser feliz? Ou simplesmente está seguindo o que a maioria considera sucesso?

Muitas vezes, uma casa menor, aconchegante, com um carro mais simples na garagem, fartura dos alimentos de que você gosta na geladeira, uma família feliz e unida vivendo em harmonia já bastam. Você não deve viver de acordo com a realidade alheia, tampouco perder seu tempo e seu dinheiro comprando coisas para surpreender os outros. Anote agora mesmo o que quer alcançar para se sentir realizado e não perca seu foco.

Nesta obra, eu vou lhe ensinar os passos que você deve seguir – que são simples, mas muito importantes – para conquistar uma vida plena, ter longevidade em seus projetos e sair do ritmo workaholic

INTRODUÇÃO

para, finalmente, ganhar a qualidade de vida e de trabalho que deseja e que merece. Afinal de contas, estamos neste mundo para ser a melhor versão de nós mesmos. E essa é a minha concepção de sucesso.

E para isso você só precisa de uma coisa: ação! E a sua atitude de agora será ler com atenção e colocar em prática tudo o que você aprender nestas páginas. Esse é o primeiro passo para a conquista de uma vida plena, com equilíbrio e sucesso pessoal e profissional, se superando e lapidando a seus talentos diariamente a fim de viver a sua melhor versão.

CAPÍTULO 1
SEM TEMPO!

Quem nunca repetiu a frase "ando ocupado(a) demais" como resposta para recusar qualquer convite ou para justificar algum problema? A grande maioria das pessoas anda ocupadas demais, e posso garantir que o trabalho é o responsável pela maior parte dessa ocupação. É raro encontrar quem ande com tempo livre ou sobrando ultimamente. Há quem fique orgulhoso de si mesmo porque trabalha durante horas a fio, sem descanso, na mesma rotina, com a justificativa de que está apenas buscando o sucesso. E é com estas pessoas que quero falar aqui: aquelas que andam ocupadas demais buscando o sucesso.

Sinceramente, a frase "ando ocupada demais" poderia ter sido meu slogan alguns anos atrás. Eu também estava o tempo todo ocupada e cheia de coisas para fazer, e sempre encontrava um jeitinho de encaixar mais alguma atividade no meio do meu dia já tumultuado, sobretudo se fosse para trabalhar. Além de me manter ocupada, não aceitava ficar parada. Descansar? Tirar um tempo para lazer? Era inadmissível para mim!

Entre 2007 e 2014, eu tinha quatro clínicas de estética para gerir e administrar e, além de ser a responsável por contratar e treinar equipes de colaboradores, era preciso organizá-las, estar à frente das vendas. E também precisava fazer cursos de atualização profissional, cuidar da minha imagem, uma vez que eu era o meu próprio cartão de visitas, fazer academia, dieta, ir ao salão de beleza, organizar a minha casa, dar atenção aos meus pais, irmãos, marido, aos meus amigos... E o resultado disso? Estava sempre cansada, sempre estressada, sempre esgotada, sempre ocupada demais e sem tempo para o mais importante: eu mesma.

Nessa época, a minha vida era disfuncional, mas, como eu sempre fazia tudo com muita dedicação e quase nenhuma falha, achava que tinha muito sucesso, pois faturava muito bem com as minhas empresas e conquistava inclusive inúmeros prêmios e troféus pela minha performance como empreendedora. Eu obtinha reconhecimento na carreira e nunca aceitava ficar mal posicionada nos rankings das franquias – sempre fui muito competitiva e, como adoro um desafio, isso alimentava a ideia de que trabalhar exaustivamente era o caminho certo a seguir. Em contrapartida, eu dirigia cerca de 1.200 quilômetros toda semana para visitar todas as clínicas. Eu não tinha tempo nem disposição para mais nada além do trabalho, nem para mim, e achava o máximo me autointitular workaholic. Estava ocupada demais, mas cansada demais. Entretanto, acreditava que estava tudo bem. Nada me abalava!

Nada me abalava? Ledo engano! Com tanto estresse e com quase zero qualidade de vida, meu corpo e minha mente chegaram ao limite. É óbvio que acabei adoecendo em decorrência de longas jornadas de trabalho, pois eu trabalhava cerca de cem horas semanais. Começou com algumas dores musculares, estresse agudo, mal-estar. Tive, inclusive, uma úlcera hemorrágica por tanto trabalho e quase nenhum cuidado comigo mesma. O peso de ser empreendedora, esposa, filha e mulher estava me sobrecarregando, mas eu achava que estava tudo bem, que era assim mesmo, que o estresse e o cansaço excessivo faziam parte do processo de ser uma pessoa de sucesso. Acreditava que era apenas uma fase ruim, que logo esse mal-estar passaria e eu voltaria com tudo para minha rotina.

Eu sou empreendedora há mais de vinte anos e sempre mantive o ritmo acelerado e atribulado de tarefas. Sempre conciliei meu trabalho com estudos e outros vários compromissos. Todos ao meu redor sabiam que eu tinha esse estilo de vida, já estavam acostumados a me ver pouco nos encontros de família ou nas reuniões de amigos. E, para mim, apenas uma circunstância muito forte poderia me fazer repensar minha vida e minha rotina. Até que essa circunstância muito forte chegou, mais precisamente no dia 13 de fevereiro de 2014, e tem nome: Gianlucca, o meu filho.

Eu era casada havia alguns anos, e meu marido me conheceu já com a vida agitada que eu levava. Mesmo grávida, mantive meu ritmo acelerado de trabalho. No seu nascimento, foram mais de oito horas de trabalho de parto normal quando de repente a frequência cardíaca do Gianlucca zerou e fomos para a cesárea de emergência. A tensão tomou conta de todos. Neste momento de dor e medo, eu tive uma longa conversa com Deus. Foram os vinte minutos mais longos da minha vida.

Caía uma chuva torrencial em São Paulo, foi algo surreal, a típica cena dramática de filme, e prometi a Deus que se meu filho nascesse com vida e sem sequelas eu mudaria a minha vida, me dedicaria mais ao próximo e ao meu filho. Prometi também que daquele momento em diante, além de rever meus valores e propósitos, eu lapidaria meus talentos e experiências profissionais, tornando-as úteis ao próximo. Que trabalho e dinheiro não seriam mais os meus únicos objetivos.

Com uma vida já tão atribulada, ganhei mais um papel, o mais árduo e também mais gratificante de todos, o de ser mãe. *E agora?* Entre reuniões, pautas, estradas, cursos, treinamentos, eu teria que encontrar equilíbrio para criar e educar o meu filho. Seria possível atingir o pleno potencial profissional e também ter uma vida familiar gratificante? Seria possível ser uma ótima mãe e ao mesmo tempo satisfazer as minhas

Com uma vida já tão atribulada, ganhei mais um papel, o mais árduo e também mais gratificante de todos, o de ser mãe. E agora?

próprias necessidades? Seria possível ser bem-sucedida e feliz sem ter estresse e ansiedade para dar conta de tantas atividades? Seria possível equilibrar tudo isso sem prejudicar a saúde física e emocional?

Tudo mudou na minha vida naquele 13 de fevereiro de 2014. Posso dizer que renasci junto com meu filho, pois renovei todas as minhas forças, joguei no lixo todas as minhas crenças limitantes, medos e inseguranças. Eu precisava mudar meu ritmo, pois agora teria uma responsabilidade imensa sendo mãe, mas não queria de maneira alguma abandonar o meu trabalho e a minha dedicação ao empreendedorismo.

Foi necessário mergulhar de cabeça na minha própria essência, praticar o autoconhecimento, rever meus valores e priorizar o tempo, dedicando-o à minha saúde física, emocional, intelectual, espiritual e financeira, além de não abrir mão do tempo com qualidade em família também. Isso foi restabelecido de forma sistêmica e trouxe outra dinâmica com muito mais sentido e essência para minha rotina. Desde então, nunca mais adoeci. Explicarei detalhadamente os pilares que foram muito importantes na minha transformação e me fizeram lapidar a melhor versão que sou hoje.

Aliás, vou confessar uma coisa: tudo que você ler aqui é fruto das minhas experiências pessoais e das minhas pesquisas e estudos. Tive que me lapidar sozinha para poder viver a melhor versão de mim mesma e alcançar os meus objetivos e sonhos, mas com qualidade de vida, preservando minha saúde física e mental e tendo tempo para mim mesma e para os que eu amo.

Acreditar que estava no topo porque tinha um bom faturamento com os meus empreendimentos era uma visão muito simplista de felicidade e de sucesso. A felicidade e o sucesso precisam ir além do lucro e dos números. De que me serve uma empresa que fatura bem todos os meses se minha saúde fica comprometida ou se não acompanho o crescimento do meu filho?

Já aviso de antemão que não foi e não é nada fácil, mas não é impossível. Você vai ler, nos próximos capítulos, o testemunho e o passo a passo de uma ex-workaholic assumida e que com alegria se autointitula agora worklover, uma brincadeira com a junção das palavras *work* (em inglês, trabalho) e *lover* (em inglês, apreciador, aquele que ama algo), que conseguiu sair de uma rotina caótica para uma rotina bem-sucedida de verdade, conciliando trabalho — algo pelo qual sou apaixonada —, família, boa saúde e espiritualidade. Mais do que isso, digo que encontrei o equilíbrio em todos os pilares que permeiam a minha vida e que julgo importantes para mim. Você precisa escolher os pilares importantes para permear a sua vida. Nas próximas páginas, inclusive, ensinarei como fazer essa escolha.

A socióloga e autora Christine Carter afirma que você não precisa abrir mão da sua carreira profissional para viver sem estresse nem deve sacrificar suas horas de lazer para ser mais produtivo — "basta encontrar seu ponto de equilíbrio".[1] E isso é verdade. Para tanto, não é necessário ser um super-humano, é preciso apenas criar uma rotina criativa e que supra as necessidades daquilo que você almeja.

A palavra rotina pode remeter a mesmice ou marasmo, algo difícil de manter, que é chato, certo? Errado. Por mais que pensemos que é apenas uma questão de organização — e de fato é —, estamos sempre diante dos chamados sabotadores, que impedem que o dia transcorra de maneira fácil e produtiva. No entanto, há meios de driblar tanto os sabotadores externos — trânsito, chefe, filhos etc. — quanto os internos — ansiedade, medos, insegurança etc.

Existe uma "fórmula mágica"? Não! No entanto, há uma forma de criar a própria rotina levando em conta suas características pessoais e conhecendo o modo como pessoas produtivas, realizadas e criativas

---

[1] CARTER, Christine. **O ponto de equilíbrio.** Como obter o máximo de resultados com o mínimo de esforço. Rio de Janeiro: Sextante, 2016, p. 51.

encaram a própria rotina. Por mais que o dia a dia desses indivíduos seja único, há uma característica em comum: a organização e o empenho em realizar tudo o que se propuseram a fazer, incluindo metas profissionais e prazeres diários (valores e propósitos).

Será que ter uma rotina combina com criatividade? Na verdade, sim! A falta de rotina nos coloca em um lugar de risco; diante de um passo a passo otimizado e funcional, porém, a confiança aparece naquele processo já vivido e conhecido. Quem não tem rotina acaba por não aproveitar as experiências acumuladas nos momentos em que precisa utilizar com mais afinco a criatividade.

Da mesma forma, rotinas bem projetadas servem para estabelecer prioridades e construir um caminho seguro a certo ponto, de modo que você saberá como seguir seu dia tendo uma meta bem estabelecida de como, quando e com quem alcançará seus objetivos, fazendo uso das ferramentas adequadas para tanto. E estabelecendo, é claro, uma meta diária mínima para não se exigir demais nos dias difíceis nem se frustrar se for muito fácil.

Dessa forma, é possível mensurar e visualizar progressos e, caso não haja nenhum, adaptar o dia em vez de desistir das metas — o que acaba gerando frustração. Não confunda rotina com mesmice, estagnação ou inflexibilidade. Logo saberá que não se trata disso, mas de organizar seu dia e suas tarefas de maneira funcional a fim de buscar o verdadeiro sucesso: equilíbrio.

Existe uma "fórmula mágica"? Não! No entanto, há uma forma de criar a própria rotina levando em conta suas características pessoais e conhecendo o modo como pessoas produtivas, realizadas e criativas encaram a própria rotina.

CAPÍTULO 2
TRABALHO MUITO, MAS NÃO ESTOU SATISFEITO COM A MINHA VIDA

Eu tinha a seguinte ideia fixa: "Trabalhe agora, conquiste tudo agora; descanse depois". Fui criada ouvindo dos meus pais que primeiro eu precisava estudar, trabalhar, conquistar a minha casa própria e outros bens materiais para só depois ter a liberdade de viver a minha vida e fazer o que eu realmente quisesse.

Então, como mentora de carreiras e na convivência com outros empreendedores, observei que essa não apenas foi a minha realidade por anos, mas é a de muitos outros também, que nos incentivam e nos dizem que é preciso estudar o tempo todo, trabalhar muito, adquirir a casa própria, ter o carro do ano, conquistar a independência financeira, para só então construir uma família, ser saudável, ter vida social, realizar outros sonhos etc. É quase uma receita a ser seguida, primeiro um elemento e depois outro, não podendo trocar a ordem deles. Uma espécie de checklist que uma pessoa precisa cumprir para ter o que se considera "sucesso". E tudo demanda muito, mas muito esforço.

Para cumprir o tal checklist que nos impõem, e que também impomos a nós mesmos, mergulhamos cada vez mais no trabalho. Alguns mergulham de cabeça no trabalho por acreditarem que são as longas jornadas que oportunizam o sucesso; outros, por encontrarem prazer apenas trabalhando muito e cada vez mais. Com isso, o tempo vai passando e os sonhos e outras necessidades vão se acumulando. O resultado disso? Frustrações, decepções, doenças e síndromes da mente – e, por que não dizer, da alma.

Identificando o workaholic

No capítulo anterior, eu mesma me identifiquei como uma empreendedora workaholic. O termo "workaholic" foi ditado pelo psicólogo Wayne E. Oates, em 1968, para definir um sujeito com uma "incontrolável necessidade de trabalhar incessantemente".[2] Oates viu o relacionamento de algumas pessoas com o trabalho como um vício semelhante ao alcoolismo e ao uso abusivo de drogas. É como dizer que para alguns indivíduos o trabalho vai funcionar como uma espécie de entorpecente, gerando prazer e problemas ao mesmo tempo. Este termo passou a ser utilizado pelas corporações para fazer comparações entre os "viciados" com o trabalho, mas não há uma definição médica a respeito do tema.

Alguns sintomas comportamentais e mentais são percebidos nos que são considerados workaholics:

- sentir um impulso interno quase incontrolável para trabalhar, não importando o motivo de tal impulso ou limitações como cansaço, sono ou fome;
- pensar no trabalho constantemente, não conseguindo relaxar nos momentos de lazer, muito menos descansar a mente ou o corpo;
- sentir-se culpado e inquieto quando não está trabalhando, por isso não há pausas para descanso ou feriados, muito menos férias.

---

[2] CLARK, Malissa A. Workaholism: It's not just long hours on the job. **Psychological Science Agenda**, abr. 2016. Disponível em: https://www.apa.org/science/about/psa/2016/04/workaholism. Acesso em: 01 set. 2020.

Isso também quer dizer que quem trabalha muito acredita que está contribuindo positivamente para sua carreira ou para o sucesso de seu empreendimento e, consequentemente, da sua família e das pessoas que fazem parte dela. Eu mesma fui assim. Passei quase duas décadas trabalhando de doze a dezessete horas todos os dias.

É preciso esclarecer que ter um alto nível de envolvimento com o trabalho não significa ser um workaholic. Há empresários e também colaboradores engajados que se dedicam ao trabalho por simplesmente o achar prazeroso. Além disso, haverá momentos em que esticar o tempo de dedicação sobre alguma tarefa será necessário e está tudo bem. No entanto, os workaholics trabalham porque sentem uma compulsão interna para isso, fazendo dessa prática um hábito diário e prejudicando-se muito a longo prazo.

Dados relevantes e alarmantes

A ideia do workaholismo e também a preocupação do excesso de trabalho têm sido motivação para estudos e pesquisas em diversos âmbitos. Os dados a seguir são assustadores quanto à saúde mental e ao destino de nossa vida. Segundo o Instituto Brasileiro de Geografia e Estatística (IBGE), em 2018, apenas 17% da população adulta prosperou cumprindo seu potencial de felicidade, sucesso e produtividade; 66% dos pais com empregos disseram não dar conta de tudo que tinham para fazer; 57% afirmavam sentir que não passavam tempo suficiente com a família; 46% reconheciam não ter tempo para o lazer; e apenas 2% da população brasileira se arriscava e criava novas oportunidades de negócios e carreira[3]. Trabalhar mais de quarenta horas por semana é excessivo, perigoso e dispendioso – e consiste

---

[3] PEDROSA, Marcelo. O segredo do equilíbrio. **Idepe Online**, 03 abr. 2019. Disponível em: https://www.idepeonline.com.br/artigo/164. Último acesso em 09 set. 2020.

É preciso esclarecer que ter um alto nível de envolvimento com o trabalho não significa ser um workaholic.

no sintoma mais claro de uma gestão inconsistente, segundo esses estudos. Christine Carter afirma que "mais de cem anos de pesquisas revelam que cada hora que você trabalha acima do patamar de quarenta horas semanais reduz sua eficiência e produtividade, tanto a curto como a longo prazo".[4]

O problema é que todo workaholic tarda a sentir o peso verdadeiro de uma vida profissional desenfreada, porque as longas jornadas deixam o indivíduo sem capacidade de percepção, notando os danos somente quando boa parte de sua vida pessoal ou de sua saúde física e/ou mental já está por um fio, então o sofrimento é inevitável.

Eu mesma só tive consciência de que passava por um problema sério com a minha constante necessidade de trabalhar quando me tornei mãe; antes disso, eu achava que estava tudo bem. Sentia-me exausta e via os pequenos prazeres da vida ficarem cada vez mais de lado. Vi minha saúde mental indo para o ralo, porque eu me irritava facilmente se algo fugisse do meu controle; além disso, a minha saúde física pedia socorro, tive até uma úlcera hemorrágica – afinal de contas, eu comia pouco e quando dava tempo. No entanto, tudo que eu queria e focava mesmo era continuar trabalhando. Foi preciso quase perder o meu filho para realmente sentir que não estava tudo bem continuar naquele ritmo frenético. Esse foi, sem dúvida alguma, o momento mais impactante que vivi, pois, naqueles vinte e poucos minutos (intervalo de tempo em que me levaram para o centro cirúrgico e me prepararam para a cesárea emergencial), passou por minha mente um filme da minha vida. Antes de saber o verdadeiro motivo pelo qual a frequência cardíaca do Gianlucca tinha zerado, cheguei a pensar que o meu ritmo de vida havia afetado a vida do meu filho, e isso se tornou a minha maior motivação para promover as mudanças em minha rotina e em

---

[4] *Idem*, op. cit., p. 122.

minha carreira. E quando segurei o meu bebê em meus braços, cheio de saúde, percebi que aquele era o meu chamado. E junto dele nasceu uma nova mulher. Eu literalmente renasci naquele momento.

A busca incessante por sucesso

O que é o sucesso para você? Qual a sua conotação de sucesso? É comum ouvirmos uma resposta muito simplista que apresenta o poder e o dinheiro como justificativas do que é o sucesso. Isso pode até ser verdade a curto prazo, porém não sustenta a felicidade e uma vida bem vivida; é preciso ver além dos números numa conta bancária.

Não adianta fazer a roda da vida girar ao contrário, começando pelo financeiro, pois ela não vai fluir. No entanto, é o que mais as pessoas fazem quando me procuram: dizem que precisam aumentar a lucratividade, ganhar mais dinheiro, e já buscam soluções pautadas em trabalhar muito mais. Se você trabalha dez horas diárias e ganha R$ 10.000 por mês, para dobrar seu salário vai ter que dobrar as horas trabalhadas, certo? Não! Terá que encontrar uma forma mais eficiente e inteligente para aumentar o faturamento. Investir na melhoria da sua performance, ou seja, entregar mais resultados em menor espaço de tempo. Só por essa lógica já sabemos que trabalhar longas horas não é garantia de grandes resultados.

O que as pessoas esquecem muitas vezes é que por trás de qualquer empreendimento ou negócio existe um ser humano e que esse ser humano precisa estar em equilíbrio para ter alta performance nos negócios e na vida.

O indivíduo verdadeiramente bem-sucedido preza por saúde e bem-estar, e isso, infelizmente, não faz parte da vida de um grande número de pessoas que estão inseridas na cultura ocidental de trabalho, movidas por estresse, longas jornadas de trabalho e falta de sono.

Uma pesquisa realizada em 2014 pelo Grupo MRH Consultoria, em parceria com a Nextview People, aponta que 77% dos executivos brasileiros dedicariam menos tempo ao trabalho se tivessem oportunidade.[5] Ou seja, quase oito entre dez executivos não estão satisfeitos com sua rotina diária.

Ainda no mesmo estudo, intitulado "Empresa dos sonhos dos executivos", que consultou cerca de 4.500 executivos nos mais variados níveis hierárquicos dentro de organizações profissionais, chegou-se à conclusão de que os gestores brasileiros dividem o seu tempo da seguinte maneira: 36% para trabalho e carreira, 20% para descanso, 14% para a família, 8% para lazer, 8% para educação, 7% para saúde e 7% para autoconhecimento.

Os viciados em trabalho respiram negócios enquanto se esquecem das outras esferas da vida. Essa visão, por muitos anos aceita e venerada por grande parte da sociedade, passou a ser entendida como um problema nos últimos tempos. Das relações familiares afundadas à má alimentação, aquela figura clássica do executivo que bebe muito e dorme pouco começou a dar lugar a uma preocupação com o bem-estar, com a saúde e com o lazer.

Como afirma o psicólogo Bryan Robinson norte-americano, o vício em trabalho é "o problema de saúde mental mais bem-vestido",[6] ou seja, é um problema muito disfarçado, quase imperceptível e algumas vezes até sinônimo de dedicação e profissionalismo exemplar. Afinal de contas, a vontade incessante de trabalhar pode, sim, ser confundida pelos demais com foco total no trabalho, grande aspiração ao sucesso. Entretanto,

---

[5] 77% dos executivos brasileiros acham que trabalham demais. **O Globo**, 3 set. 2014. Disponível em: https://oglobo.globo.com/economia/emprego/77-dos-executivos-brasileiros-acham-que-trabalham-demais-13121893. Acesso em: 30 ago. 2020.

[6] BRADFORD, Harry. Ser workaholic é péssimo para você mesmo e para todos em volta. **MdeMulher**, 11 fev. 2015. Disponível em: https://mdemulher.abril.com.br/carreira/ser-workaholic-e-pessimo-para-voce-mesmo-e-para-todos-em-volta/. Acesso em: 29 ago. 2020.

o workaholic traz consigo não só a falta de tempo e de prazer em outras atividades mas o estresse e algumas síndromes comportamentais.

O efeito colateral da vida workaholic

Divórcios, relação distante com os filhos, amigos que se afastaram e saúde comprometida são algumas características da vida dos workaholic. Muitos viciados em trabalho estão cientes dos seus maus hábitos, mas sentem que não há escolha. Os workaholics tiveram seus hábitos reforçados por anos de resultados positivos, afinal de contas, trabalhar duro tem, sim, seus benefícios.

O sinal vermelho de que algo não anda bem na vida de quem trabalha sem descanso e a longo prazo só acontece quando algo pessoal e mais grave acontece. O estresse agudo já deveria ser o primeiro e mais forte sinal, mas já nos habituamos de tal forma com essa sensação que quase não nos damos conta de que esse é um alerta e não nos importamos.

Gastrite, pressão alta, crises de ansiedade, depressão, síndrome do pânico, insônia, queda de cabelo, falta de ar são sintomas físicos que os workaholics somatizam no corpo, e com isso a saúde padece. O que pode começar com estresse e um leve mal-estar, passando por crise de choro no banheiro do escritório e chegando desde a excessos e vícios até a síndromes mentais mais complexas, casos em que são necessárias medidas mais drásticas tanto para o diagnóstico como para o tratamento.

A síndrome de *burnout*, também chamada de síndrome do esgotamento profissional, é um distúrbio psíquico identificado e descrito em 1974 por Herbert J. Freudenberger, psicólogo alemão.[7] A principal característica é o estado de tensão emocional e de estresse agudo provocado por condições de trabalho físicas, emocionais e psicológicas

---

[7] Síndrome *de burnout*. **Wikipedia.** Disponível em: https://pt.wikipedia.org/Sindrome _de_burnout. Acesso em: 01 set. 2020.

desgastantes, podendo acometer qualquer tipo de profissão, sem distinção de idade ou gênero. Os que sofrem de *burnout* executam de modo mecânico as ações cotidianas, dentro e fora do trabalho, e sentem pouca ou total ausência em satisfação pessoal ou profissional no que antes era motivo de alegria.

Segundo dados da International Stress Management Association (ISMA-BR),[8] em 2018, 72% da população brasileira sofreu alguma sequela do estresse, do leve ao considerado devastador. Entre estes, 32% tiveram a síndrome de *burnout*. Além disso, dados da Previdência Social, de 2017, mostram que transtornos de ordem psíquica são a terceira causa de afastamentos do trabalho.[9] Esses números são alarmantes e preocupantes.

Com a internet e a fácil conectividade às mãos, a tendência é esse número piorar com relação à quantidade de acometidos tanto pela síndrome de *burnout* quanto por outras sequelas decorrentes de estresse no trabalho. Com a intensa necessidade que estamos adquirindo de estarmos on-line e conectados, as longas jornadas estão se estendo mais e mais.

Uma pesquisa da Universidade de Manchester de 2006, na Inglaterra, com 250 mil trabalhadores,[10] concluiu que funcionários insatisfeitos têm maior possibilidade de apresentar baixa autoestima, ansiedade e

---

[8] GRANATO, Luísa. O que significa a mudança da OMS sobre a síndrome de *burnout*? **Exame**, 31 maio 2019. Disponível em: https://exame.com/carreira/o-que-significa-a-mudanca-da-oms-sobre-a-sindrome-de-burnout/. Acesso em: 29 ago. 2020.

[9] LEITE, Luiz Philipe. Transtornos mentais são a terceira principal causa de afastamentos de trabalho. **Blog da Saúde.** Ministério da Saúde, 10 out. 2017. Disponível em: http://www.blog.saude.gov.br/index.php?option=com_content&view=article&id=52979&catid=579&Itemid=50218#:~:text=Transtornos%20mentais%20s%C3%A3o%20a%203%C2%AA%20principal%20causa%20de%20afastamentos%20de%20trabalho,-Cerca%20de%209&text=Mudan%C3%A7as%20de%20humor%2C%20tristeza%2C%20ansiedade,excessivo%2C%20irritabilidade%20e%20isolamento%20social. Acesso em: 29 ago. 2020.

[10] TERMERO, Maíra. É amor ou é vício? **Época**, 28 abr. 2006. Disponível em: http://revistaepoca.globo.com/Revista/Epoca/0,,EDG73961-6012,00-E+AMOR+OU+E+VICIO.html. Acesso em: 29 ago. 2020.

depressão, sintomas associados ao estresse, e podem ainda ser afetados os seus sistemas imune, cardiovascular e digestivo. Doenças causadas pelo esforço repetitivo podem ser agravadas também. Pensando nisso, em 2017, a França aprovou a lei apelidada de "Direito de se desconectar",[11] garantindo o direito de "folga de e-mails" fora do horário de trabalho. Afinal de contas, não está tudo bem sofrer por trabalhar demais.

Reitero aqui a opinião de que não há pecados em trabalhar esporadicamente além de sua carga diária normal, desde que essa ação seja meramente por necessidade de urgência e de algum impacto específico. Em determinados momentos, realmente você vai precisar trabalhar até mais tarde, usar o fim de semana para adiantar ou colocar em dia seu trabalho ou estudo. E tudo bem, dedique-se um pouco mais e renuncie o descanso, a festa, o lazer. Não há mal nisso. O que não pode é fazer dessa prática um hábito diário, pois, como já citei aqui, os malefícios a longo prazo tendem a ser maiores que os benefícios de uma dedicação ininterrupta. A forma mais inteligente de aprendizado, na minha opinião, é aprender com os erros alheios, ou seja, você não precisa passar por tantos sofrimentos para perceber que é hora de mudar.

---

[11] ENTRA em vigor na França o 'direito de se desconectar'. **Época Negócios**, 3 jan. 2017. Disponível em: https://epocanegocios.globo.com/Carreira/noticia/2017/01/entra-em-vigor-na-franca-o-direito-de-se-desconectar.html. Acesso em: 29 ago. 2020.

CAPÍTULO 3
NÃO ESTÁ ERRADO AMAR O TRABALHO

Costumo dizer que o empreendedorismo pode ser cruel em alguns aspectos. Enquanto o dinheiro está entrando, os planos dando certo e os desafios sendo cumpridos, está tudo bem, tudo tranquilo. Quando as coisas já não saem como o planejado, a realidade vem à tona e por fim o workaholic percebe que o prazer não pode estar atrelado apenas ao trabalho; é preciso construir outras fontes de alegria e satisfação, não apenas os desafios profissionais.

Eu sempre fui movida a desafios, o que normalmente assusta as pessoas. Os desafios me empolgam e fazem que eu me motive a prosseguir. Quando adquiri minha primeira clinica de estética, sabia que teria que trabalhar bastante para torná-la um sucesso em vendas e qualidade nos tratamentos oferecidos aos meus clientes. Um desafio enorme!

Eu costumo comparar as fases de uma empresa com as da vida de um bebê, um filho mesmo. No primeiro ano do nosso "bebê", temos o maior cuidado, ficamos próximos ao empreendimento e investimos tempo e atenção para "não quebrar", para não falhar como empreendedor, ou não errar como pai/mãe aqui na minha comparação. Quando o tempo passa e a empresa já ganha forma, já estabelece seu ritmo de trabalho e começa a formar sua clientela, é como se o bebê começasse a crescer e a engatinhar, sair das fraldas, então já começamos a pensar no "próximo filho", na próxima empresa.

Do segundo para o terceiro ano, que é quando se atinge o retorno do investimento e o negócio começa a "andar" com as próprias "pernas", a sensação é que já podemos ir para a próximo empreendimento, pois este está "caminhando" sozinho e não precisa de nossos cuidados diários; sendo assim, já podemos ter o "próximo filho". O primeiro bebê, a primeira empresa, já não é mais tão desafiadora quanto antes. Então, como a empresa caminha sozinha, é a hora de ter outra. Assim, o ciclo se repete, até o desafio não ser tão atraente de novo e mais uma empresa abrir, trazendo mais coisas para fazer, mais responsabilidades, mais e mais trabalho. Mais um ciclo se repete, mais trabalho se acumula, mais a agenda aperta, menos tempo para as outras áreas da vida...

Nesse contexto, conquistei quatro clínicas de estética. Eu morava em Vinhedo, no estado de São Paulo, mas tinha uma clínica em Americana e as outras três em Campinas. Brincava que era o meu "triângulo paulista" semanal, pois me dividia entre as clínicas e a minha casa, pelas três cidades. Para mim, as minhas empresas eram como se fossem minhas filhas, e eu me dedicava totalmente a elas. Não podia haver erros, muito menos falhas. Nada poderia sair do meu controle. Eu rodava 1.200 quilômetros por semana a fim de estar presente nas quatro clínicas, cuidava pessoalmente da contratação e da capacitação das equipes, me interessava pelos fluxos, pelos processos, pelas vendas, fazia o marketing das minhas unidades e ainda era próxima das minhas clientes. Quando se trata da venda de prestação de serviços, quanto mais próximo você for do cliente, maior é a satisfação dele.

Para dar contar de tudo, minha agenda era planejada minuto a minuto, e não hesitava se precisasse fazer um encaixe entre um compromisso e outro. Quando acontecia algum atraso ou imprevisto, tudo dava errado e o mau humor tomava conta de mim.

Assim como eu tinha essa rotina maluca, de estrada e trabalho, muitos outros empreendedores e executivos vivem essa realidade. O que justifica essa vida workaholic?

Amor ao trabalho

Eu explicava meu comportamento dizendo: "Sou apaixonada pelo meu trabalho". Muitos workaholics costumam justificar assim. Há uma frase atribuída a Confúcio, filósofo chinês: "Escolha um trabalho que você ame e não terá que trabalhar um único dia em sua vida". É claro que ela é verdadeira, eu continuo apaixonada pelo meu trabalho e é muito bom poder aliar sua paixão à sua profissão – inclusive, falarei melhor sobre este ponto mais à frente. No entanto, a questão que trago aqui é o que eu não tinha até 2014, ano do nascimento do meu filho Gianlucca, e que tantos outros viciados em trabalho e executivos insatisfeitos com suas rotinas não têm: limite!

O profissional contemporâneo enxerga o trabalho como uma possibilidade de autodesenvolvimento e uma fonte de prazer. Quem mergulha cegamente no trabalho tende a acreditar que apenas ele é fonte de prazer e de realizações, mas na verdade isso gera uma vida disfuncional.

Devido à escassez de tempo para viver plenamente outras esferas da vida além do trabalho, os ocupados demais acabam se esquecendo do poder do autoconhecimento, e sem ele não é possível mensurar seus limites, tampouco melhorar suas habilidades. O efeito colateral disso é o medo de não ser feliz e não encontrar um propósito no trabalho, gerando decepções, frustrações e as síndromes que citei no capítulo anterior.

Quem mergulha cegamente no trabalho tende a acreditar que apenas ele é fonte de prazer e de realizações, mas na verdade isso gera uma vida disfuncional.

Falta de autoconhecimento

Naquela época eu não conhecia as minhas limitações. Não entendia os sinais que o meu corpo dava de cansaço, estresse, falta de cuidado. Tampouco sabia por que eu trabalhava tanto. Achava que era invencível e que parar para descansar era sinal de fraqueza e preguiça.

Somos culturalmente limitados da capacidade de reflexão e autoconhecimento. A escola não instiga a praticar o autoconhecimento, e a família tampouco. O que ocorre, em casa é uma sobrecarga de tarefas – desde inglês até natação – a fim de não ficar à toa, acumulando atividades, sobrecarregando agendas e tirando o foco de uma autorreflexão.

Como saber se o que está fazendo causa felicidade ou prazer se você não sabe o que lhe traz felicidade e prazer? Muitas vezes, por falta de autoconhecimento, as pessoas se mantêm em relações tóxicas e acabam realizando, de modo inconsciente, atividades de que não gostam.

Motivação financeira

Quando você trabalha muito, geralmente, os resultados logo aparecem. Promoção no trabalho, aumento de salário, crescimento no faturamento, dinheiro na conta. Isso é muito bom! Dizer que não trabalha para ganhar dinheiro é hipocrisia, sem dúvida, porque a falta de remuneração causa muito sofrimento também.

Além dos recursos e das possibilidades infinitas que o dinheiro pode me proporcionar, sempre tive em mente que eu precisava atingir a minha "liberdade financeira" primeiro para depois poder usufruir do meu tempo da forma como eu bem entendesse – e não apenas para trabalho. Garanto que muitos empreendedores pensam e agem como eu fazia no passado – por isso tanta insatisfação.

A remuneração é a motivação mais antiga e poderosa de todas, entretanto, quando você dá demasiada importância ao dinheiro, é possível que esteja procurando a realização pessoal nos lugares errados. Afinal de contas, apenas o dinheiro não é o suficiente para a completa satisfação pessoal.

Essa insatisfação pessoal disfarçada pela busca incessante por dinheiro pode estar associada a outros problemas de comportamento. Alguns workaholics, quando começam a ganhar dinheiro, costumam comprar compulsivamente, segundo afirma artigo publicado pela revista *Galileu* de 2006: "É um desejo de possuir, de ter poder, que fica reprimido".[12] Inclusive, alguns podem chegar a endividar-se, por isso seguem trabalhando incessantemente.

Na minha época, quando eu tinha minhas quatro clínicas de estética, meu faturamento era excelente. Com o meu faturamento mensal, eu poderia realizar os sonhos materiais que quisesse, de apartamento na praia a viagens internacionais, bolsas de grife e roupas importadas. Em compensação, não tinha tempo hábil para viajar, muito menos para usufruir de todo o luxo e o conforto que o dinheiro que ganhei oferecia. Minha agenda era atribulada demais para parar tudo e comprar roupas novas ou escolher bolsas. A sensação ótima de acumular riqueza era o que me bastava.

Acreditar que trabalho e prazer não combinam

Quem nunca ouviu as seguintes afirmações: "O prazer deve ser evitado no trabalho", "quanto maior o sofrimento, mais digno se é de conquistas" e "trabalho e prazer não combinam"? Se você não ouviu essas frases, saiba que elas fazem parte da rotina da maioria dos empreendedores e dos executivos brasileiros.

---

[12] OS PECADOS do capital. **Galileu**, [s.d.]. Disponível em: http://revistagalileu.globo.com/Galileu/0,6993,ECT1445377-1706,00.html. Acesso em: 29 ago. 2020.

O psiquiatra francês Christophe Dejours explica que, para alguns profissionais, "o conteúdo do trabalho é fonte de uma satisfação sublimatória",[13] ou seja, para alguns o trabalho é algo natural, inerente ao homem; portanto, não é do trabalho que provém o prazer. Assim, muitos não encaram o excesso de trabalho como algo negativo até que adoecem.

Felizmente, essa visão do trabalho excessivo vem sendo mudada, e existe um crescente aumento de profissionais com um olhar diferente em relação ao sucesso. Os chamados pós-workaholics, ou worklovers, conseguem construir uma rotina equilibrada e funcional. Os profissionais com esse perfil enfrentam o desafio da autoliderança, ou seja, administram bem a própria rotina para fazer a gestão do seu tempo de acordo com seus valores e prioridades e, então, ajudam seus liderados a projetar e executar melhor seus dias.

Assim como os filhos se espelham em seus pais para conduzir o comportamento e as emoções, os liderados se espelham em seus líderes para saber como encarar suas rotinas e emoções no ambiente de trabalho. Os líderes workaholics tendem a prejudicar a equipe com seu comportamento, exigindo mais de todos, cobrando horas extras dos colaboradores, desgastando a equipe e gerando *turnover* desnecessário e maior dentro da empresa. Já os líderes com perfis worklover deixam a equipe equilibrada, com mais tranquilidade durante a execução do trabalho, e fazem questão de manter um ambiente harmonioso e divertido também. Até porque, quando desenvolvemos o nosso ofício com amor e entusiasmo, torna-se impossível não contagiar a todos ao redor. E tudo isso contribui para o resultado da empresa, refletindo positivamente nos clientes.

Fica claro, portanto, que longas jornadas de trabalho não são sinônimo de produtividade e de qualidade no trabalho. É necessário buscar equilíbrio nesta importante esfera da vida: o campo profissional.

---

[13] DEJOURS, C. **A loucura do trabalho**. Estudo de psicopatologia do trabalho. São Paulo: Cortez, 1992, p. 40.

Os chamados pós-workaholics, ou worklovers, conseguem construir uma rotina equilibrada e funcional.

CAPÍTULO 4
VIRANDO A CHAVE

Até o momento, eu contei a você a minha trajetória pessoal e profissional. Contei sobre o início da minha carreira no empreendedorismo, lá pelos meus 15 anos, como vi minha mãe lutar dia após dia no seu salão de beleza, que me serviu de inspiração e de exemplo, e a minha ideia fixa de que é necessário trabalhar muito e conquistar tudo o que o dinheiro pode proporcionar. "Trabalhe agora e descanse depois." Olhar fixamente para um futuro promissor, com condições para manter o estilo de vida que mereço e uma carreira bem-sucedida, foi a mola propulsora para eu trabalhar sem descanso e orgulhosa da minha rotina desenfreada.

No entanto, um dia, a conta chega! Os resultados de seguir a mesma receita frenética sem pensar nas consequências, apesar dos benefícios conquistados, são negativos, quiçá irreversíveis. Ser um workaholic não é vantajoso! O que eu quero dizer é que se para você está tudo bem trabalhar duro por horas a fio por um objetivo concreto, se até o momento não prejudicou sua saúde física ou mental, muito menos causou problemas pessoais, acredite em mim, não será assim para sempre. Faz-se necessário buscar equilíbrio, ir além da satisfação no trabalho! Assim como cuidar apenas da vida pessoal, sem buscar uma carreira e algo em que possa ancorar suas satisfações profissionais, também não é saudável. Harmonia e equilíbrio na balança dessas duas esferas são a chave para uma vida plena. E quanto antes você atingir o equilíbrio entre todas as esferas de sua vida, melhor e mais facilmente o verdadeiro sucesso você vai alcançar.

Naquele 13 de fevereiro de 2014, no momento do parto do meu filho, em que tive complicações, absolutamente tudo passou em minha mente, um verdadeiro filme da minha própria vida, e só pensar que o meu estilo de vida e minhas longas jornadas de trabalho poderiam ser os causadores da "quase morte" do meu bebê foi mais que suficiente para que eu fizesse uma promessa a Deus de que mudaria a minha vida e a minha rotina em prol de melhorar a minha qualidade de vida, o tempo com meu filho e a dedicação ao próximo. Naquele momento, tive uma conversa franca com o Senhor. Como já disse, foram os vinte minutos mais longos que passei. Ali, eu abri meu coração a Ele e assumi as rédeas da minha vida, assumi que minha postura diante da vida era muito ruim. A minha saúde, a pouca atenção que eu dava a mim mesma, à minha família e a quem eu amava precisavam de mudanças radicais. Inclusive, até a minha vida espiritual estava comprometida pela falta de tempo; apesar de crer em Deus, eu não conseguia ter a frequência de oração de que gostaria para me manter conectada a Ele. Aliás, e se, por uma fatalidade, eu partisse? Teria eu deixado algum legado? Isso era o que eu mais pensava naquele momento. Graças a Deus, tudo não passou do maior susto da minha vida. Após sete horas de trabalho de parto normal, o cordão umbilical do Gianlucca enroscou no tornozelo; por isso, quando ele estava encaixado para nascer, e as médicas puxaram a cabecinha dele, sua frequência cardíaca zerou por segundos. Fomos para sala de parto emergencial para uma cesárea, parecia cena de filme: em decorrência da forte chuva que já mencionei no Capítulo 1, até infiltração no quarto enfrentamos.

Foi então que me dei conta de que eu não poderia seguir daquela forma tendo um filho recém-nascido nos braços. Eu me sentia como se tivesse renascido naquele momento. Eu amava o meu trabalho, mas mudei radicalmente a minha postura, revi meus conceitos, as minhas atitudes. Continuei, sim, trabalhando com o que amo, mas com carga horária reduzida, pois precisava cuidar de mim e do meu filho – e encontrar alguma maneira de ajudar as pessoas a se ajudarem também, pois eu sabia que, assim como eu, muitos viviam neste ritmo. Precisava encontrar um propósito para tantos anos de experiência e conhecimento acumulados com o empreendedorismo. Não queria deixar nada para trás; afinal, foram as circunstâncias mais difíceis da minha vida que me tornaram quem hoje eu sou. Sentia como se estivesse recebendo uma nova chance de Deus de recomeçar e ser um ser humano e profissional melhor.

Foi exatamente o que eu fiz. Agora, muitos anos depois daquele 13 de fevereiro de 2014, posso dizer tranquilamente que encontrei a fórmula do equilíbrio na minha vida para ser uma profissional de sucesso e uma pessoa realizada com valores e propósitos bem estabelecidos, que cuida do corpo e da mente, do espírito, que tem tempo para a família e para os amigos e que encara o retorno financeiro como consequência da paixão pelo que faz, mas sem excessos.

Volto a dizer: o trabalho não é o problema. O problema é trabalhar à exaustão e deixar o resto de sua vida de lado. Eu sou apaixonada pelo meu trabalho! No entanto, deixei de ser uma workaholic para me tornar uma worklover assumida, dona da minha agenda, do meu tempo. Vendi as minhas clínicas de estética, mas não deixei de trabalhar com o empreendedorismo; afinal de contas, hoje, estou à frente de outros negócios. Continuei tendo sucesso como empreendedora, mas minhas prioridades passaram a ser meu filho e eu mesma. Repensei meus valores, desfiz e refiz minhas crenças, me lapidei e por isso alcancei a plenitude. Li muito, pesquisei muito, criei metodologias e ferramentas que apliquei em mim

**Volto a dizer:
o trabalho não
é o problema.
O problema é
trabalhar à
exaustão e deixar
o resto de sua
vida de lado.**

VIVA A SUA MELHOR VERSÃO

mesma, e também apliquei em outros empreendedores amigos meus que notaram minhas transformações e que passaram a se transformar também. A partir disso, venho aperfeiçoando um método para que mais e mais pessoas possam alcançar o que conquistei. É por isso que escrevo este livro, para dividir com você o que aprendi ao longo da minha trajetória.

Meu objetivo é ensinar a você o passo a passo da tal fórmula do equilíbrio que encontrei a duras penas. Deu certo para mim. Tem dado certo para meus mentorados, também intitulados workaholics, que precisavam mudar sua rotina para encontrar a plenitude. E foi ensinando e vendo os resultados concretos e reais que encontrei o meu propósito, o meu legado, o qual um dia me perguntei se deixaria aqui na Terra no dia que eu partir.

Este método, que chamo de "Viva a sua melhor versão", consiste em cinco passos para encontrar o equilíbrio, entendendo que se faz necessário exercitá-los diariamente a fim de alcançar longevidade na plenitude de todas as esferas de sucesso e de felicidade na vida. A partir de agora, vou abrir os segredos de cada um dos componentes da fórmula do método "Viva a sua melhor versão" para uma vida equilibrada.

Autoconhecimento

Não se deixa de ser workaholic da noite para o dia. É necessário um "mergulho" para dentro de si, um resgate de seus valores e princípios por meio da prática contínua do autoconhecimento. Ter consciência dos hábitos que o estão sabotando ou impedindo de ter uma vida próspera, para assim os exterminar, substituindo-os por hábitos que o fortaleçam e o aproximem de suas metas e sonhos, é fundamental nessa fase. Você se conhece? Sabe do que gosta ou do que não gosta? Entende e identifica quais são os seus limites? Os seus valores estão bem definidos? E as suas prioridades?

Refletir e rever seus conceitos, entender o que lhe fez bem e o que lhe fez falta, quais perdas você teve na sua saúde física, emocional e espiritual, e definir aquilo de que não abre mão são atitudes necessárias antes de dar vida a novos projetos, principalmente se quer que tudo tenha longevidade. Mudar o *mindset* (atividade mental) é essencial para atingir o equilíbrio.

Lapidação de talentos para tornar-se útil ao próximo

Quando você conhece uma pessoa, geralmente, ela diz o nome, onde mora e, de imediato, com o que ou onde trabalha. Estamos tão atrelados ao nosso trabalho que falar de nós mesmos sem citar nossa profissão é uma tarefa quase impossível. No entanto, somos mais do que o trabalho, muito mais. Temos talentos que vão além daquilo que fazemos para sustentar-nos e, às vezes, são habilidades que nada têm a ver com a nossa formação ou atividade profissional. Quais são os seus talentos? Você consegue citá-los? Quais gostaria de aprimorar? O que produz que ninguém mais faz com tanta maestria?

Além disso, se você tem uma habilidade e ela não pode ser útil para alguém, é pouco provável que possa ser útil para você verdadeiramente, tampouco vai contribuir com a construção do seu legado. Aqui, além de falar de aperfeiçoamento pessoal, se faz necessário pensar que é preciso torná-lo útil ao próximo de alguma forma.

Propósito

O propósito de vida é aquilo que vai fazê-lo levantar da cama todos os dias! Você sabe qual é o seu propósito de vida? E o seu propósito profissional? Dizer que quer ser feliz ou que quer ser rico não é um propósito. Estes objetivos não são fortes o suficiente para fazer você buscar a melhor versão de si todos os dias. O meu maior propósito de vida é ir para a cama à noite melhor do que levantei pela manhã, seja por ter superado meus próprios limites ou por ter feito alguém respirar mais aliviado naquele dia.

O propósito é definir exatamente o objetivo de cada uma de suas metas e sonhos profissionais, além de definir o legado que deixará quando não estiver mais aqui. Alinhar o seu propósito com seu legado e a sua vida profissional o fará trabalhar mais disposto e com mais entusiasmo. Você, então, conseguirá dar mais valor aos momentos de pausa e descanso.

Foi alinhando meu propósito com meu legado que percebi que meu desígnio profissional era ajudar as pessoas a realizarem sonhos pelo empreendedorismo sem se tornarem escravas do trabalho, encontrando o equilíbrio entre vida pessoal e profissional.

Controle e gestão do tempo

Vinte e quatro horas. Você, eu, todos nós temos o mesmo tempo para fazer acontecer o que queremos e sermos felizes. O fato é que não existe falta de tempo e sim falta de prioridades. Neste passo, vou ensinar ao leitor como controlar sua agenda e otimizá-la de maneira inteligente sem sobrecarregá-la nem deixar de fora os seus valores.

Não são as longas horas que você trabalha que trarão o sucesso, mas a qualidade e a organização nas horas trabalhadas. Além disso, vou ensinar como encaixar suas prioridades na sua agenda e ainda ter tempo para cuidar de si mesmo, descansar e dar atenção a quem você ama.

Construção da rotina funcional

É vital desenhar uma rotina que possa ajudá-lo a ser a melhor versão de si mesmo. Não faça comparações, afinal você é um ser humano único e singular em meio a outros 8 bilhões de habitantes do mundo. Sua rotina não pode ser um sacrifício; mas deve, sim, ser criada para não deixar de fora seus valores e prioridades, além das suas necessidades. Essa mudança no modelo mental é o que diferencia os worklovers dos tradicionais workaholics.

Uma rotina planejada para ser funcional e ter sucesso a longo prazo deve considerar sua relação com as outras esferas da vida de forma personalizada, levando em conta tudo aquilo de que você não abre mão. Permita-se experimentar novas rotinas e não engesse nem sobrecarregue a sua agenda. Ela deve ser passível de mudanças, e isso só é possível ao experimentar coisas novas.

Aqui também falo de boa alimentação e da inclusão de exercícios físicos. O médico norte-americano Dean Ornish apontou, em uma de suas palestras para o TED Talks em 2008, que, "quando nos alimentamos de maneira mais saudável, gerenciamos o estresse e fazemos mais exercícios, nosso cérebro recebe mais sangue e oxigênio. Com isso, torna-se maior e gera novas células"[14] – revitalizando nosso corpo (precisamos acrescentar aqui práticas de meditação e mindfulness para cuidados da saúde espiritual).

Além disso, é importante incluir na sua rotina outras fontes de prazer, além do trabalho, pois serão essas fontes e as doses essenciais de equilíbrio e diversão para o seu dia a dia que ajudarão a aliviar o estresse e a percepção de que está valendo a pena.

Uma rotina funcional não quer dizer que não se pode quebrá-la, pois se assim fosse ela se tornaria um círculo vicioso: a fim de cumpri-la

---

[14] DEAN Ornish sobre a cura. 2004. **TED Ideas worth spreading**. Vídeo (16min38s). Disponível em: https://www.ted.com/talks/dean_ornish_healing_through_diet?language=pt-br#t-180635. Acesso em: 29 ago. 2020.

integralmente, você acabaria gerando estresse e outros problemas que voltariam a refletir no seu corpo e comportamento. O importante aqui é saber fazer escolhas inteligentes e criar rotinas criativas para sair da mesmice. Tudo isso tem a ver com a individualidade de cada um, aquilo que faz sentido para cada sujeito.

Não há milagre para uma rotina próspera e saudável. É preciso adaptar a sua realidade com uma pitada de criatividade a fim de torná-la funcional e satisfatória.

Uma coisa é certa: você não poderá colher peras de uma macieira. Se quer mudar os seus frutos, terá de mudar suas raízes. Estes cinco passos nada mais são do que uma jornada interna, uma imersão em si mesmo para saber o que fazer e por onde começar. A combinação de fatores ideais pode levar à vida plena e equilibrada. Se você começar pequeno, precisará de menos tempo e recursos do que imagina.

Entendendo os passos, você será capaz de construir a sua rotina, aquela que pode ajudá-lo a ser e viver a melhor versão de si mesmo – de preferência, com superações diárias.

Eu o convido, neste momento, a refletir sobre a sua rotina. Mais do que isso, sobre o seu pensamento. Se acredita que ainda não é o momento de mudar e que deve continuar pensando e agindo como tem feito, tudo bem. Saiba que o despertar da sua mudança interna em algum momento chegará, e você poderá voltar e reler este livro para refletir novamente sobre sua postura e suas atitudes. Não é possível ter qualidade de vida focando unicamente o crescimento profissional. Entretanto, se acredita que agora é o momento de mudar suas crenças e passar a ter ações diferentes em prol de uma vida diferente e verdadeiramente plena, eu o convido a mergulhar de cabeça nas próximas páginas e descobrir que há muito trabalho a ser feito, mas que tudo valerá a pena.

**Não há milagre para ter uma rotina próspera e saudável.
É preciso adaptar a sua realidade com uma pitada de criatividade a fim de torná-la funcional e satisfatória.**

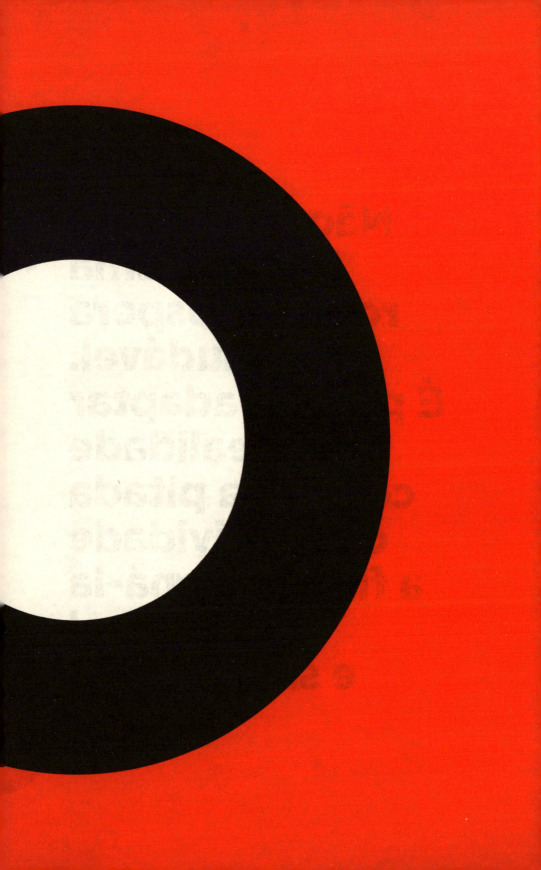

CAPÍTULO 5
CONHECE-TE A TI MESMO

Se você chegou até aqui, é porque certamente acredita que é possível e necessária uma mudança interna. Por isso, eu proponho que passe por cada um dos cinco passos do método que desenvolvi, intitulado "Viva a sua melhor versão", a fim de fazer exatamente o que nome propõe: viver a sua melhor versão. Quando eu sugiro "viver a sua melhor versão", quero dizer há versões diferentes de você conforme o tempo passa ou alguns episódios acontecem e o transformam, fazendo que uma nova versão sua venha à tona. Essa é a maior prova de que estamos constantemente mudando e nos tornando novas versões de nós mesmos. E se somos novas versões de nós mesmos, há, sem dúvida, a possibilidade de sermos o melhor que podemos.

Para ser uma versão melhor de nós mesmos, faz-se necessária uma mudança interna, uma atitude mental inovadora. É você sendo melhor do que si mesmo, desafiando-se e se superando todos os dias, conhecendo e respeitando seus limites sempre. Ir dormir à noite melhor do que saiu da cama pela manhã, sendo melhor do que no dia anterior, fazendo algo de útil ao próximo ou simplesmente levando paz e tranquilidade para a vida dos que o cercam. Algo de dentro para fora, a fim de buscar a sua essência e desenvolver quem você é, como se essa essência fosse um diamante bruto e o estivéssemos lapidando para torná-lo uma bela joia.

Iniciar uma mudança interna e se tornar o worklover que citei nos capítulos anteriores – que eu me tornei e que ajudei a tantos outros profissionais a se tornarem – não é fácil, mas é possível e adianto que vale a pena. A fórmula para atingir a fase do worklover é a soma de atitudes realizadas e repetidas dia após dia, as quais permitem uma mudança significativa, eficaz e com longevidade. Uma mudança interna só é possível quando você sabe quem é, o que quer e, principalmente, o que não serve mais.

Somos seres multifacetados, isto é, temos muitos talentos, habilidades, preferências e possibilidades de que pouco ou quase nada sabemos. A vida atribulada não nos permite saber exatamente o que somos, o que queremos ou o que fazemos de melhor além da rotina diária e agitada de cada dia. Eu tenho certeza de que você sabe explicar com clareza e rapidez a sua atividade profissional. No entanto, sabe explicar com a mesma clareza e rapidez as suas habilidades que vão além do trabalho? Sabe citar cinco características marcantes suas? Sabe falar de coisas das quais não gosta? Vou além: consegue contar alguma situação em que sua atitude foi decisiva? Ou qual é o seu limite diante de uma situação mais tensa, como uma discussão?

Às vezes estamos tão ocupados "apagando incêndio", ou seja, cuidando daquilo que consideramos emergencial em nosso dia a dia, que deixamos de sonhar e de planejar quem queremos nos tornar e como queremos estar daqui a um, dois ou cinco anos. Parar de sonhar e de fazer planos, não ter metas para o futuro a curto, médio e longo prazo pode ser problemático, pois é isso que nos mantêm vivos e no controle de nossa vida. Afinal, como disse o Coelho Branco quando encontrou Alice, em *Alice no país das maravilhas*, "para quem não sabe para onde vai, qualquer caminho serve".

Quando eu estava determinada a mudar minha postura workaholic e a me dedicar mais a mim e ao meu filho, percebi que sabia pouco sobre mim mesma. Eu era uma mulher adulta, casada, mãe e bem-sucedida, mas não tinha total conhecimento, tampouco domínio sobre minhas preferências além das ações cotidianas do trabalho, até porque eu não tinha tempo para pensar: *eu aprendo mais lendo, ouvindo, escrevendo ou fazendo? Sentir dor nas costas é o meu sinal de exaustão ou tenho outros sinais? Por que perder o controle sobre minha agenda me deixa tão estressada? O que me tira a paz? O que eu posso fazer bem, que me dê prazer, além do trabalho? Eu tenho sonhos além da carreira? Qual meu propósito? Qual legado eu quero deixar aqui quando partir? Quais são minhas verdadeiras qualidades? Quantas horas de sono realmente são o suficiente para descansar meu corpo e minha mente? Quais atividades me trazem felicidade de verdade?* Essas perguntas podem parecer simples, mas são as respostas a elas que compõem quem eu sou, o que quero, do que gosto ou não etc. Saber quem sou é um passo fundamental para saber o que devo mudar.

Uma coisa é fato: não podemos mudar o que não conhecemos. Pode parecer estranho e até um pouco exagerado dizer que as pessoas geralmente não conhecem a fundo a si mesmas. Todos nós temos uma ideia de quem somos, mas essa ideia nem sempre corresponde à realidade. Certamente, você já reagiu a alguma situação de forma mais intensa ou mais amena do que acreditava poder, e isso acontece por falta de autoconhecimento.

O autoconhecimento como fonte de evolução

Ter autoconhecimento, como a palavra já diz, é conhecer a si próprio. "Conhece-te a ti mesmo"[15] — esta era a máxima que se encontrava na entrada do Templo de Delfos, na Grécia antiga. Essa frase inspirou a filosofia de Sócrates e diz que devemos nos ocupar a conhecer mais sobre nós mesmos que a outras coisas. Ou seja, conhecer a si mesmo já era uma importante preocupação desde a Antiguidade. Autoconhecer-se é necessário para saber como modificar sua relação para consigo mesmo, com os outros e com o mundo.

José Roberto Marques afirma que o "autoconhecimento permite mergulhar no inconsciente para investigar os nossos pontos fortes e aqueles que precisam de melhoria".[16] Autoconhecer-se, portanto, é fazer uma imersão em si mesmo, a fim de conhecer quem se é, o que quer, o que busca, o que precisa melhorar ou não. É saber dos próprios limites, identificar as próprias qualidades e reconhecer falhas.

Alguns podem pensar agora que obter autoconhecimento só é possível com a ajuda de psicoterapia. É evidente que se você se deparar com conflitos mais graves, questões mais profundas ou simplesmente sem respostas claras, a psicoterapia se faz necessária. Entretanto, o que proponho aqui é um aprendizado sobre si mesmo, alinhar seus pensamentos e ações com os propósitos que veremos mais à frente. E só é possível se você se conhece verdadeiramente. Praticar o autoconhecimento é resgatar detalhes importantes da nossa essência, que muitas vezes acabam ficando esquecidas em nosso subconsciente.

---

[15] SILVA, Josué Cândido da. Conhece-te a ti mesmo — Sócrates e a nossa relação com o mundo. **UOL Educação**, 24 set. 2014. Disponível em: https://educacao.uol.com.br/disciplinas/filosofia/conhece-te-a-ti-mesmo-socrates-e-a-nossa-relacao-com-o-mundo.htm. Acesso em: 29 ago. 2020.

[16] MARQUES, José Roberto. Autoconhecimento está ligado ao nosso sucesso! **JRM Coaching**, 24 abr. 2019. Disponível em: https://www.jrmcoaching.com.br/blog/nosso-sucesso-esta-ligado-ao-autoconhecimento/. Acesso em: 29 ago. 2020.

Um dos efeitos colaterais sofridos pela pessoa workaholic, além dos já citados, é a perda de conexão não só com os familiares e amigos, mas consigo mesma, daí a necessidade de mergulhar para dentro de si e se descobrir, se aceitar e se desafiar a ser cada dia melhor. A atividade de autoconhecimento, portanto, é importante antes de dar qualquer outro passo rumo à mudança.

As práticas das técnicas de mindfulness (técnica para "esvaziar a mente") e da meditação transcendental (técnica de concentração) — de que falarei mais à frente — me ajudaram nessa fase de autoconhecimento e da busca pelo estado de consciência. É fundamental ser consciente de quem *você é* para saber aonde quer chegar. Portanto, é preciso exterminar os pensamentos tóxicos, fazer uma "limpeza" mental, promover a sua paz interior e se silenciar perante os ruídos mentais e do mundo para a busca do equilíbrio e da plenitude. É preciso silenciar-se para o mundo e ouvir apenas a sua voz interna, se entender, se amar, se aceitar e se respeitar exatamente como você é. Isso o conduzirá para o próximo passo: a lapidação e o aprimoramento da sua atual versão. Estamos aqui na Terra para evoluir, e essa evolução deve ser diária e constante — e, se deixarmos no automático, jamais exploraremos as nossas potencialidades em sua totalidade.

Esse processo, portanto, serve para refletir sobre hábitos, comportamentos, sentimentos, metas, sonhos. Trata-se de se respeitar e saber suas limitações. Eu, por exemplo, achava que era super-heroína e que poderia fazer tudo, que nada poderia me atingir, muito menos me parar. Vivia totalmente sem limites, comprometi a minha saúde e me frustrei quando me vi com uma úlcera hemorrágica e, depois, com medo de perder o meu filho. No entanto, você não precisa chegar ao extremo para "despertar" para uma vida melhor, mais saudável e equilibrada. Em vez disso, aprenda com as falhas e experiências alheias, aquelas que o inspiram e fazem pensar, pois com certeza são uma opção melhor do que chegar a uma situação extrema de saúde física, emocional ou de perdas,

Um dos efeitos colaterais sofridos pela pessoa workaholic, além dos já citados, é a perda de conexão não só com os familiares e amigos, mas consigo mesma.

como eu e tantos outros empreendedores já chegamos, até porque essa acaba sendo uma profissão solitária. É comum nos sentirmos sozinhos, sem ter com quem contar e muito menos para quem "pedir socorro".

O autoconhecimento foi importante para o meu momento de mudança, mas na verdade foi e continua sendo para a minha vida, para promover tudo de que precisava e que preciso até hoje. Sempre que eu preciso mudar algo em minha vida, pratico primeiro o autoconhecimento para poder ter longevidade na mudança; então, posso buscar ações e encaixá-las numa rotina funcional e duradoura.

Como a meditação pode contribuir no processo de autoconhecimento

Como mencionei anteriormente, o workaholic é aquele indivíduo que trabalha constantemente e de modo incansável, que só se dá conta de que está com problemas pessoais e/ou de saúde quando os fatos negativos se agravam. Se chega a esse patamar, significa que o ritmo de sua rotina é acelerado há muito tempo, o que torna o processo de autoconhecimento e principalmente de mudança difícil no início, pois demanda tempo, calma e tranquilidade nas escolhas.

O que se propõe com o método "Viva a sua melhor versão" é uma mudança da rotina de workaholic para a rotina de worklover. Para isso, é importante desacelerar o ritmo de trabalho e de atividades profissionais, o que não vai acontecer da noite para o dia. Insira técnicas de meditação na rotina para aprender não só a desacelerar seu ritmo cotidiano, mas a ter um tempo para si mesmo e refletir sobre suas ações e planos futuros. A meditação contribui para o processo de consciência, necessário para a mudança real e duradoura que se busca com a aplicação do método.

CONHECE-TE A TI MESMO

A seguir, apresento duas técnicas de meditação, de forma resumida, as quais me ajudaram muito no meu processo de autoconhecimento, e que também ensino a meus mentorados: mindfulness e meditação transcendental.

Mindfulness – Meditação para esvaziar a mente

Mindfulness é um termo inglês que vem sido traduzido ao português como "atenção plena". Mark Williams e Danny Penman,[17] autores da obra *Atenção plena – Mindfulness*, afirmam que a técnica mindfulness é uma forma simples de meditação que consiste em focar toda sua atenção em sua respiração à medida que o ar entra e sai do seu corpo, a fim de concentrar-se nesta prática.

Essa técnica foi criada em 1979 pelo estadunidense Jon Kabat-Zinn, doutor em Biologia Molecular e professor emérito da Faculdade de Medicina na Universidade de Massachusetts, que apresentou ao mundo o Programa de Redução de Estresse e Mindfulness (MBSR – *Mindfulness-Based Stress Reduction*), um curso inicialmente desenvolvido para ajudar as pessoas a controlar dor e condições crônicas com o auxílio de meditação e técnicas de respiração, nos casos aos quais médicos não podiam oferecer mais ajuda.[18] A partir de práticas de meditação budista, Kabat-Zinn adaptou a MBSR para proporcionar uma técnica de meditação à reflexão ao momento presente, centrada no aqui e agora, auxiliando assim no controle de estresse, ansiedade e medo, o que difundiu o mindfulness ao mundo e o popularizou.

---

[17] WILLIAMS, M.; PENMAN, D. **Atenção plena:** mindfulness. Rio de Janeiro: Sextante, 2015, p. 13.
[18] DUARTE, Reinaldo. O legado de Jon Kabat-Zinn | Mindfulness para Qualidade de vida e redução de estresse. **Centro de Promoção de Mindfulness**, [s.d.]. Disponível em: https://cpmindfulness.com.br/legado-de-jon-kabat-zinn/. Acesso em: 29 ago. 2020.

Segundo Williams e Penman, estudiosos do assunto, "para a atenção plena é necessário aprender a direcionar seu foco para onde você escolher. Esse pode ser um exercício muito difícil, porque a mente tem a tendência de pensar sobre qualquer coisa, independentemente de suas preferências".[19]

A primeira parte da técnica de mindfulness consiste em atividades de respiração. Por meio dessas atividades, é possível melhorar a concentração e o foco, além de controlar a atenção sem permitir que os seus próprios pensamentos dispersem seu foco.

Para começar:

- **Sente-se em uma posição relaxada.**
- **Feche seus olhos e concentre-se nos lugares que seu corpo está tocando na cadeira.**
- **Faça isso por alguns minutos até que esteja consciente do seu corpo e de como ele se sente.**
- **Agora, tente relaxar por completo.**
- **Enquanto faz isso, pense sobre como você se sente fisicamente, tornando-se consciente de qualquer sensação que chame sua atenção.**

Neste momento, você perceberá que pode sentir muitas coisas ou até sentir que não houve nenhuma alteração de sensação. Seja qual for a resposta, tudo bem. O objetivo é apenas estar atento. Enquanto você continua a meditação, mude seu foco para seu peito e estômago, locais em que notará as sensações causadas pela respiração.

Permita-se registrar a subida e a descida do seu corpo, enquanto você respira para dentro e para fora, e o alívio que isso traz a seus pulmões. Da melhor maneira que puder, mantenha seu foco em sua

---

[19] WILLIAMS, M.; PENMAN, D., *op. cit.*, p. 18.

respiração. Mantenha seus pensamentos focados em cada respiração e observe como se sente.

Durante esse processo, pode acontecer de entrar no modo "piloto automático". Para Williams e Penman, o "cérebro pode mudar os pensamentos, fazendo planos ou pensando sobre outras coisas; esse é seu piloto automático".[20] E está tudo bem quando isso acontecer, por isso não se julgue nem fique chateado. Apenas se atente quando seus pensamentos se desviarem e guie-os de volta para sua respiração. Lembre: é você quem controla seus pensamentos, e não o contrário.

Separar esse tempo, ao menos uma vez ao dia, para praticar seu foco na respiração vai ajudar a começar a entender melhor como seus pensamentos funcionam, compreender como é seu *mindset* e como está a qualidade dos seus pensamentos e crenças.

Esses pensamentos que saem de controle são uma das causas de ansiedade e de estresse. Ao trazê-los para sua respiração, você está aprendendo a lidar com os pensamentos indisciplinados. Com eles sob controle, você pode manter os sentimentos de ansiedade e estresse longe de si, fazendo uma espécie de "faxina" mental.

A segunda parte da técnica de mindfulness é dar ênfase aos pensamentos e aos sons. Isso vai ajudá-lo a entender melhor a natureza dos seus pensamentos. "Vai também permitir que você os aceite, deixando que eles desapareçam antes de impactarem negativamente seu corpo e emoções."[21]

Durante a meditação, após o exercício de respiração, foque nos sons que você ouve. Preste atenção aos ruídos ao seu redor e observe como você rotula e julga cada um deles. Note se quer ou não os escutar e como você reage e se sente. Se seus pensamentos se desviarem,

---
[20] *Idem, op. cit.*, p. 46.
[21] *Idem, op. cit.*, p. 53.

traga-os de volta à concentração. Observe os padrões de som, os que se repetem, os sutis, os graves etc.

Deixe agora que os sons desapareçam e foque por completo seus pensamentos novamente. Eles podem estar perdidos ou não, ou até preocupados com o futuro, felizes, tristes ou neutros, não importa. "Você pode notar que seus pensamentos são parecidos com os sons que estava escutando antes: inúmeros, algumas vezes se misturando e se movendo constantemente em sua consciência."[22]

Então, você pode deixar passar e aceitar esses pensamentos sem que isso afete seu dia ou seu ânimo, como fez com os sons e os ruídos que ouviu. Em um momento eles estão aqui; no outro, já foram. Se você achar que seus pensamentos se tornaram muito esmagadores, por qualquer motivo, volte a fazer o exercício de respiração.

É exatamente nesse momento que a mudança acontece, quando você aceita a realidade e muda o *mindset* do problema para a solução. É importante aprender a lidar com os sentimentos, e até entendê-los para aceitá-los e, assim, livrar seu corpo de diversas doenças. Afinal, tudo aquilo que sua mente e emoção não resolvem vai fazer seu corpo padecer e adoecer.

Essa nova rotina vai impedir que os seus pensamentos e crenças o sobrecarreguem e dará uma sensação de paz, de contentamento consigo mesmo, importantes para o momento de mudança de rotina.

A terceira parte da técnica mindfulness consiste em ser bondoso consigo. Após respirar e observar os pensamentos e os sons, é necessário aceitar quem você é, se respeitar e, sobretudo, se amar, ser bondoso consigo mesmo.

Algumas sentenças são relevantes nesta meditação:
- "Que eu possa ser livre de qualquer sofrimento."
- "Que eu possa ser tão feliz e saudável quanto possível."

---

[22] *Idem, op. cit.*, p. 54.

- "Que eu possa ter facilidade em ser."[23]

Repita mentalmente cada uma dessas sentenças e guarde em seus pensamentos a resposta que der a cada uma delas, sem julgamentos. A ideia é trazer à tona não só a aceitação, mas o amor para consigo mesmo.

Em seguida, traga à mente uma pessoa amada, diga, mentalmente, as mesmas sentenças e guarde as respostas, sem julgamento. Deseje felicidade a ela e deixe-a partir. Respire e pense, até que você esteja pronto para seguir. Em seguida, traga à mente alguém conhecido, mas que lhe cause algum problema ou desconforto. Direcione a ele as mesmas sentenças, guardando as respostas, sem julgamento. Deseje felicidade e o deixe partir.

É claro que esse exercício não é fácil de fazer, pode causar dor, incômodo e desconforto. Inclusive, pode ser mais fácil oferecer amor e bondade aos outros do que a si mesmo. Por isso, a importância deste exercício, para praticar a aceitação e a autocompaixão.

Estas são algumas das muitas técnicas do mindfulness que eu o convido a praticar. Para o processo de mudança interna, é importante tranquilizar seus pensamentos, sentimentos e aceitar-se como é.

Meditação transcendental

Esta meditação é talvez a mais tradicional de todas, a qual você possivelmente já deve ter visto algum personagem da televisão ou do cinema praticando. Trata-se de uma técnica muito simples que não exige qualquer esforço, concentração ou controle da mente. Basta que você se sente em algum lugar tranquilo e silencioso com os olhos fechados e, de forma natural, reduza a atividade mental.

---

[23] *Idem, op. cit.*, p. 126.

Segundo o site oficial da formação da técnica de meditação transcendental no Brasil, "a técnica da meditação transcendental é baseada na antiga tradição védica da Índia. Este conhecimento tem sido repassado por mestres védicos de geração para geração por milhares de anos".[24]

Entretanto, vale uma ressalva: antes de iniciar verdadeiramente a técnica da meditação transcendental, faz-se necessário ser orientado por um instrutor oficial. Segundo a revista *Superinteressante* de 2018, "o processo ensina, de forma personalizada, os mantras individuais (e secretos) de cada praticante, assim como ajusta a postura para que as sessões de meditação (que somam quarenta minutos diários) sejam feitas da forma correta".[25]

Como praticar o autoconhecimento

Existem várias técnicas para desenvolver o autoconhecimento, como a prática da meditação, que citei aqui. Há também a ioga, ou até permanecer recluso por um período de tempo como os monges costumam fazer. No entanto, trago aqui a técnica que adaptei a mim mesma e, depois, passei a ensinar meus mentorados no método "Viva a sua melhor versão".

A técnica de autoconhecimento que criei consiste em se fazer algumas questões simples, mas as respostas podem ser transformadoras. No entanto, precisam ser honestas e detalhadas para não haver dúvidas no final.

Os exemplos que listarei a seguir são as respostas que dei quando apliquei a técnica em mim. Antes de iniciar as perguntas, sozinho, vá a um ambiente tranquilo e no qual possa anotar suas respostas para constante análise do que você escrever.

---

[24] A TÉCNICA. **Meditação transcendental**, [s.d.]. Disponível em: https://meditacao-transcendental.com.br/a-tecnica/. Acesso em: 30 ago. 2020.

[25] LEONARDI, Ana Carolina. Meditação transcendental: o que acontece no cérebro durante a prática. **Superinteressante**, 20 abr. 2018. Disponível em: https://super.abril.com.br/comportamento/meditacao-transcendental-o-que-acontece-no-cerebro-durante-a-pratica/. Acesso em: 30 ago. 2020.

Sempre que eu preciso mudar algo em minha vida, pratico primeiro o autoconhecimento para poder ter longevidade na mudança.

- **O que eu desejo mudar?**

    Há um desejo de mudar, certo? O que e por quê? Pode ser sua vida profissional, sua vida familiar, suas amizades, sua saúde, sua vida amorosa, seus estudos etc. Aqui é importante definir e defender o que quer mudar. Portanto, escolha uma área da sua vida e justifique sua resposta.

    Minha resposta: Minha vida profissional, que é atribulada demais.

- **Quais os pontos positivos do que eu vivi até desejar a mudança?**

    Faça um levantamento detalhado de tudo o que há de positivo que você fez e/ou conquistou.

    Minha resposta: Com a vida profissional atribulada eu faturo bem; aprendi a ter uma liderança forte; desenvolvo uma boa gestão de pessoas nas minhas clínicas e tenho um bom resultado; consigo ser uma líder mais humanizada por estar sempre por perto, conhecendo a necessidade de cada colaborador; otimizo minha agenda e a agenda de meus colaboradores para que possamos aumentar nossas produtividades (assim, todo mundo fatura mais); estou em constante qualificação com novos cursos e participando de palestras e conferências, o que me deixa atualizada na área; ofereço boas oportunidades de crescimento e desenvolvimento aos meus colaboradores antes de contratar novos funcionários (priorizo quem está ao meu redor); sei motivar minha equipe (tenho baixo *turnover* de colaboradores); dedico-me totalmente aos meus empreendimentos e me mantenho por perto sempre, o que evita falhas nos processos; sou querida e admirada não apenas por meus colaboradores, mas também por meus clientes.

- **Quais os pontos negativos do que eu vivi até desejar a mudança?**

    Faça um levantamento detalhado de tudo o que há de negativo que você fez e/ou conquistou.

    Minha resposta: Com a vida profissional atribulada eu não tenho tempo suficiente para descansar; não tenho tempo de lazer e diversão; não tenho tempo para a família e os amigos; não consigo trabalhar suficientemente a minha espiritualidade, o que me faz falta; acumulo funções nas minhas empresas e gero sobrecarga; sinto a necessidade de controlar cada passo que é dado dentro das clínicas, o que me consome tempo e energia; estresso-me facilmente se algo sai de meu controle; sou proprietária de quatro clínicas de estética e não tenho tempo hábil para usufruir dos serviços em mim mesma; estou cansada da minha rotina sem pausas.

Observe as duas últimas listas minuciosamente e note qual delas tem mais itens marcados e como você se sente lendo item a item. Após a sua análise, responda:

- **Como você se sente com relação à escolha desta área?**

    Neste ponto, é necessário admitir o que está acontecendo de verdade, sem medo. Respeite suas falhas e considere uma mudança a partir daqui.

    Minha resposta: Apesar de haver fortes vantagens, é necessário admitir que estou cansada e sem tempo para mais nada além do trabalho.

- **Você quer continuar fazendo o que sempre fez e sentindo o que respondeu no item anterior?**

    Se sua resposta for sim, então está tudo bem. Não há necessidade de mudanças. Autoconhecer-se é um bom exercício para saber se

está ou não tudo bem na área que você escolheu e, portanto, você pode partir para o próximo passo, que será descrito no Capítulo 6. Se a resposta for não, deve responder às próximas questões.
Minha resposta: Não.

- **Qual é a motivação para a mudança?**
  Minha resposta: Melhorar minha saúde física, emocional e espiritual, minha rotina e ter tempo de qualidade para mim, minha família e filho, conquistando a plenitude e equilíbrio que sinto que mereço.

- **Do que você não abre mão?**
  Se você estiver disposto a mudar completamente, ótimo. Se não, estabeleça aqui do que não pode abrir mão durante o processo de mudança.
  Minha resposta: Trabalhar com o empreendedorismo, que é a minha paixão, utilizando meus maiores talentos, que são a comunicação, gestão de pessoas e criação de conteúdos e técnicas para o empreendedorismo.

É preciso reiterar: no processo de autoconhecimento é importante admitir os erros, se aceitar, se perdoar, voltar a se amar, respeitar as falhas e parar de dedicar energia aos sentimentos e às ações levantados na questão "Quais os pontos negativos do que eu vivi até desejar a mudança?".

Agora que você já relacionou do que você não abre mão e o que não quer mais para sua vida e sua rotina, antes de dar vida a um novo projeto profissional ou carreira, atente-se às questões a seguir:
- Por que esse projeto existe?
- Quais são os benefícios que esse projeto oferecerá ao próximo?
- De que forma esse projeto vai impactar a vida das pessoas?
- Aonde eu quero chegar com esse projeto?

- Quais são as pessoas que vão me ajudar a chegar lá?
- Como e com quais ferramentas chegarei lá?

Essa fase de reflexão, nos recomeços e novos projetos, costuma ser subestimada por muitos profissionais. No entanto, posso assegurar que ela é muito importante, pois será a base dos seus objetivos nos próximos passos, além de influenciar e refletir diretamente em sua visão, missão e valores, que precisam estar bem claros nessa etapa.

Tenha sempre em mente que carreira ou projeto nenhum vale o preço de uma família fracassada, lar destruído, saúde prejudicada. Então, não se esqueça de rever seus valores e checar se eles estão presentes em seus novos projetos e rotina também.

A partir disso, se aproprie da motivação e inspiração de como você se sente diante dessas respostas para seguir nos próximos passos e viver a sua melhor versão do jeito que bem entender, seguindo seus princípios e valores.

Case de sucesso

Quero compartilhar com você um exemplo de uma mentorada minha, a Laura (o nome é fictício, mas a história é real). A Laura é uma mulher com 46 anos que me procurou pedindo ajuda. Ela trabalhava no mundo corporativo havia mais de vinte anos, estava cansada de sua rotina, sem tempo para si mesma, para a família e seus filhos. Seu grande sonho era empreender, mas acreditava não ter essa habilidade e que já não tinha mais idade para isso.

Ela precisava passar pelo processo de autoconhecimento. Listando tudo o que de positivo passou até desejar o processo de mudança, ela descobriu que tinha praticamente todas as habilidades de que um empreendedor precisa para ser um sucesso. E bastava apenas lapidar e explorar melhor em sua totalidade as poucas que faltavam. Afinal, a prática leva à perfeição e quanto mais praticamos melhor desenvolvemos habilidades comportamentais fundamentais em todas as esferas da vida, assim como a persistência, a disciplina e a resiliência. Além disso, ela perdoou as próprias falhas, aceitou as lições, reconheceu que não precisava mais trabalhar naquele ambiente corporativo de sempre e que merecia realizar e viver novas metas e sonhos, o que a incentivou a seguir e aceitar as mudanças significativas em sua vida. As transformações começaram a surgir rapidamente, logo nas primeiras semanas de desenvolvimento do seu plano de ação. Ao longo dos próximos passos, continuo contando mais sobre a Laura.

DESPERTE A SUA CRIATIVIDADE E EXTERMINE OS SEUS SABOTADORES

Essa atividade é simples e fácil de fazer, mas requer atenção e entrega. Todos os dias, logo após acordar, escreva absolutamente todas as ideias e pensamentos que passarem por sua mente, tudo o que o está incomodando, tudo que lhe causa ansiedade, que dá medo, que motiva, que você sonha em realizar. Anote absolutamente tudo o que tiver em sua mente, não importa se faz sentido ou não. Apenas escreva. O intuito aqui é abrir espaço para a criatividade, é limpar todas as informações que estão apenas ocupando espaço na sua mente, o que não é nada produtivo. Escreva uma, duas, três folhas, o quanto achar necessário para esvaziar os seus pensamentos.

Mantenha essa prática diariamente. Com o passar dos dias e das semanas, você vai perceber que o número de páginas vai diminuir. Os pensamentos que antes o incomodavam vão deixando de incomodar a partir do momento em que você os coloca no papel e lê para si mesmo.

Quando estiver escrevendo apenas uma página ao acordar, pegue essa página e extermine todos os pensamentos que sabotam as suas metas. Risque, da página e da sua vida, absolutamente tudo que não o aproxima das suas metas, não é prioridade e deve ser exterminado. Seja sincero consigo mesmo e perceba que a sua procrastinação, ou falta de ação em prol de suas metas, acontece por falta de autoconhecimento e equilíbrio emocional, pois o que o faz agir são suas emoções, não sua razão. Após exterminar e riscar da sua lista todos os sabotadores, é o momento de elencar suas três principais metas a serem cumpridas em três meses, seis meses e um ano consecutivamente. Pode ser uma meta de cada setor de sua vida pessoal, podem ser metas profissionais. Você escolhe.

Após elencar as três metas, você terá de responder se cada uma delas é SMART, ou seja, se ela é ecológica, se não vai comprometer algum de seus valores. Por exemplo: se uma das suas metas é faturar 1 milhão em um ano, isso pode lhe custar caro, como a falta de tempo de qualidade com seus filhos, familiares e amigos. Digamos que você teria de trabalhar de catorze a dezesseis horas por dia para alcançar a meta no período sugerido. A pergunta, então, é: restaria tempo suficiente para você se dedicar aos seus valores (cuidados consigo mesmo, saúde física, emocional, espiritual, família, amigos, sociedade)? Se a resposta for sim, ótimo, siga em frente. Se a resposta for não, reavalie a meta. Talvez valha mais a pena aumentar o período de um para dois anos; dessa forma, você teria mais tempo hábil para sua conquista em equilíbrio com o tempo de qualidade para seus valores e suas prioridades.

CAPÍTULO 6
ENCONTRE O SEU TALENTO E TRANSFORME-O!

"Não basta identificar os seus talentos, é preciso uni-los a um propósito e torná-los útil ao próximo." Essa é a frase que mais tenho utilizado desde que fiz a minha transição de workaholic para worklover, em que tenho como propósito realizar sonhos por intermédio do empreendedorismo.

Todos nós temos talentos que nos tornam únicos e nos diferenciam dos demais, algo que muitas vezes consideramos pequeno e até insignificante, mas pode vir ao encontro das necessidades de muita gente se o fizermos com amor e propósito. Se soubermos utilizar esses talentos para beneficiar os outros, podemos transformá-los em objeto de carreira, o que vai para além da nossa fonte de renda.

Quantos indivíduos mudaram totalmente de profissão porque descobriram uma forma de ganhar de dinheiro a partir de uma habilidade e viram nisso uma oportunidade de começar uma nova carreira? Gosto do exemplo da Cleusa da Silva, fundadora e CEO da franquia Sodiê Doces,[26] que trabalhava como empregada doméstica e precisou aprender a fazer

---

[26] ELISE, Jacqueline. De boia-fria a rainha dos bolos: ela fatura R$ 290 milhões na Sodiê Doces. **Universa**, 28 fev. 2019. Disponível em: https://www.uol.com.br/universa/noticias/redacao/2019/02/28/de-boia-fria-a-rainha-ds-bolos-ela-fatura-r-290-milhoes-com-a-sodie-doces.htm. Acesso em: 30 ago. 2020.

ENCONTRE O SEU TALENTO E TRANSFORME-O!

um bolo de 35 quilos no lugar de sua patroa, que estava impossibilitada em decorrência de um acidente. O bolo deu certo! Ela adquiriu uma habilidade, lapidou um talento escondido e viu ali uma possibilidade de negócio. Pediu demissão do emprego e, com o dinheiro da rescisão, abriu sua primeira loja de bolos. Nascia a Sodiê, que em 2019 faturou 290 milhões de reais.[27] Cleusa mudou de vida por meio da lapidação de um talento e fazendo o que ama.

Lapidar seus talentos e habilidades e desenvolver aquilo que vai ajudar a se aproximar de suas metas e objetivos é o que você fará a partir de agora. Ou pode abrir suas possibilidades de visão, como no caso da Cleusa. Todo mundo tem um talento em especial, que pode ou não estar relacionado com sua atividade profissional. Coloco a lapidação de talentos e habilidades como um dos passos para se tornar uma versão melhor de si mesmo, porque o autoconhecimento fará você descobrir as habilidades que talvez não tenha percebido antes.

Segundo o dicionário Michaelis, "talento"[28] significa uma inclinação de uma pessoa a realizar determinada atividade. Essa atividade pode ser, por exemplo, comunicar-se bem, escrever bem, ser um bom vendedor, ser hábil na cozinha, ter aptidões nas artes etc. Algo que você faz bem, que dá prazer e que o faz destacar perante os outros.

Para Daniel Coyle, autor do livro *O segredo do talento*, "o talento é determinado mais por nossas ações do que por nossos genes – mais especificamente, pela combinação de prática intensiva e motivação que propicia o desenvolvimento cerebral".[29] Ou seja, se você é daquelas pessoas que acreditam não possuir nenhum talento, é porque não praticou

---

[27] *Idem*.
[28] TALENTO. **Dicionário Michaelis.** São Paulo: Melhoramentos, 2002. Disponível em: https://michaelis.uol.com.br/moderno-portugues/busca/portugues-brasileiro/talento/. Acesso em: 30 ago. 2020.
[29] COYLE, D. **O segredo do talento**: 52 estratégias para desenvolver suas habilidades. Rio de Janeiro: Sextante, 2014, p. 36.

VIVA A SUA MELHOR VERSÃO

nenhuma habilidade repetidamente com atenção, por isso acredita não ser talentoso fora do próprio trabalho.

Isso tem um motivo. Desde pequenos, na escola, somos apresentados às mais variadas áreas do conhecimento: artes, linguagem, ciências, esportes etc. No entanto, passamos tão superficialmente por todos esses saberes que não temos tempo para nos aprofundarmos e descobrir nossas aptidões reais. Alguns, por apoio da família ou estímulo da escola, até podem descobrir suas habilidades e seus talentos ainda na infância ou na adolescência, mas essa não é a realidade da maioria da população.

Por isso, nunca é tarde para descobrir os seus talentos e lapidá-los. Para uma mudança de vida, de rotina e de hábitos se faz necessária uma mudança interna, algo profundo de dentro para fora, portanto conhecer o que você faz de melhor e melhorá-lo ainda mais é uma etapa importante do novo estilo de vida que proponho neste livro.

Descobrindo seus talentos

O processo de autoconhecimento que você aprendeu no capítulo anterior é uma etapa significativa para compreender o que você faz de melhor e o que gosta ou não de fazer. Isso precisa estar muito bem esclarecido em sua mente, envolvendo ou não o seu trabalho.

Uma forma bastante simples e que pode ajudar a descobrir os seus talentos é fazer a lista "Cinco coisas que amo e cinco coisas que não amo", na qual você aponta exatamente o que nome diz a partir daquilo que descobriu com as técnicas de autoconhecimento. Essa lista pode ajudar a selecionar algumas coisas que você ama; dentro dela, podem estar algumas de suas habilidades, porque é muito importante que essas habilidades lhe sejam agradáveis.

Assim, no meu caso, eu sei que gosto muito de conversar, interagir, ajudar as pessoas, palestrar, criar, inovar, escrever conteúdos e campanhas de marketing. Gosto de liderar, cuidar da minha saúde física, praticar esportes, cozinhar. E eu tinha a certeza de que não gostava de trabalhar com números, gerir processos, trabalhar com a área de Direito (que é a minha formação) etc.

O nome da lista é "Cinco coisas...", mas você pode elencar mais de cinco, se conseguir. O importante é analisar a si mesmo, principalmente os seus próprios valores, porque chegará o momento de lapidar seus talentos a partir do momento que identificá-los. Estar de acordo com os seus valores é crucial. No entanto, para lapidá-los é necessário agir com consistência, disciplina e uma dose extra de resiliência, pois você não transformará uma pedra bruta em um diamante da noite para o dia e sim com muito esforço e persistência.

Outra forma de descobrir seus talentos é listar aqueles pelos quais as pessoas próximas, e de confiança, costumam elogiá-lo. Diziam-me que eu sei me comunicar bem, que sou uma boa vendedora, que sei muito bem trabalhar a gestão de pessoas. Se você tiver dificuldade em lembrar esses elogios, pergunte.

Mais um sinal de seus talentos? Preste atenção àquilo para o qual as pessoas pedem a sua ajuda. Normalmente, é algo que você faz muito bem. No meu caso, organizar a rotina e o estilo de vida delas, com foco em sua carreira e prioridades. A partir disso, já tenho a ideia de que trabalhar com pessoas é uma das minhas habilidades, bem como me comunicar e me expressar.

Também é importante que você peça opinião de sete pessoas próximas a respeito de quatro características positivas e quatro que podem ser melhoradas. Se estiver de acordo com essas opiniões, vale a pena lapidar essas características também, pois poderão fazer parte da sua nova rotina e da maneira com que você vai encarar a sua nova fase worklover.

Com esses exercícios, você vai encontrar alguns de seus talentos e poderá desenvolvê-los a seu favor e em prol do próximo.

E agora?

Agora que você está consciente do que é capaz, chega o momento de desenvolver ainda mais suas habilidades e colocá-las a seu favor e em prol do próximo. Todo mundo pode e deve desenvolver melhor as próprias habilidades, pois sem exercício elas não vão se manter sozinhas. É necessário exercitar esses talentos para que possa usufruir o melhor que isso pode oferecer a você. São o seu ponto forte.

Para exercitar esses talentos, coloque-os em prática durante 21 dias,[30] pois esse é o tempo que o nosso cérebro leva para se naturalizar, aprimorar essas atividades e torná-las um hábito comum. Se não repetir o exercício por esse tempo, não se desafiar, vai desanimar e pouco vai evoluir para melhor. O modo de colocar esses talentos em prática vai depender das habilidades que você possui.

Seja persistente e paciente consigo mesmo, pois não é um processo fácil. E não tenha medo se for necessário abrir mão de determinadas coisas para que seu talento seja posto em prática. Lá no exercício de autoconhecimento você já fez o levantamento do que pode ou não abrir mão. Vá em frente!

O que quero dizer é que é necessário desapegar, desaprender e se desfazer do passado para viver inteiramente no presente e projetar seu futuro. O que você faz hoje reflete diretamente em seu futuro, e seus resultados dependem diretamente das suas ações no presente.

Se notar que não possui os talentos necessários para alcançar os seus objetivos, corra atrás para adquirir os talentos que faltam e lapidá-los.

---

[30] SILVEIRA, Elaine. Neurocientistas confirmam: em 21 dias você reprograma o seu cérebro!. **O segredo**, 17 mar. 2017. Disponível em: https://osegredo.com.br/neurocientistas-confirmam-em-21-dias-voce-reprograma-o-seu-cerebro/. Acesso em: 30 ago. 2020.

Seja persistente e paciente consigo mesmo, pois não é um processo fácil. E não tenha medo se for necessário abrir mão de determinadas coisas para que seu talento seja posto em prática.

VIVA A SUA MELHOR VERSÃO

Talentos natos x talentos adquiridos

É importante ressaltar que talento não tem nada a ver com dom, apesar de muitos acreditarem nisso. O dicionário Michaelis[31] define "dom" como dádiva, presente, ou seja, a capacidade que algumas pessoas têm para desempenhar determinadas tarefas de forma fácil e natural. Isso quer dizer que o dom é habilidade natural, com pouco esforço, enquanto o talento é uma aptidão adquirida que pode e deve ser aperfeiçoada ao longo da vida.

Entretanto, antes, é necessário saber do que realmente gostamos e quais talentos precisamos trabalhar para acelerar a conquista de nossas metas. Para isso, temos que pensar em qual das áreas da nossa vida queremos aplicar esse talento. Se pretende utilizá-lo em sua carreira e fazer desse talento a sua fonte de renda, a sugestão é pensar nos segmentos existentes no mercado, como RH, vendas, desenvolvimento pessoal, educação, saúde, beleza, bem-estar, ciências, artes, finanças, tecnologia etc., e relacionar o seu grau de afinidade com cada um deles. Depois, escolha os cinco que mais se destacaram e invista duas semanas estudando a fundo a respeito de cada um deles, inclusive os pontos negativos. E, por fim, imagine-se exercendo essa profissão. Qual delas tem mais a ver com o seu propósito? Qual faz seu coração bater mais forte? Consegue se imaginar exercendo qual delas todos os dias?

Pode ser que você não consiga optar por uma apenas, e isso não é anormal, até porque somos seres multipotenciais e capazes de desenvolver inúmeras habilidades ao decorrer de nossa vida. Isso, porém, não quer dizer que temos que fazer tudo ao mesmo tempo. Para tal, devemos criar uma lista de prioridades e experimentar cada uma delas, para

---

[31] DOM. **Dicionário Michaelis.** São Paulo: Melhoramentos, 2002. Disponível em: https://michaelis.uol.com.br/moderno-portugues/busca/portugues-brasileiro/dom/. Acesso em: 30 ago. 2020.

só então decidir qual traz mais realização. Caso não consiga se definir por uma delas, o ideal é encontrar uma profissão que englobe todas.

Foi o que eu fiz. Sempre gostei de empreender, mas já não aguentava mais as cargas horárias excessivas e as longas jornadas fora de casa. Adoro compartilhar conhecimento e minhas experiências de forma ampla, tenho paixão por comunicação, gestão de pessoas, marketing, escrita e criação de conteúdo. O resultado foi agregar tudo isso em minha carreira, sem deixar nada de fora. Quando você se apaixona pelo processo, ou seja, trabalha com prazer e disposição, aceitando os desafios do caminho com coragem e disposição, as conquistas e vitórias são apenas consequência.

Para quem é da área do empreendedorismo, deixo uma dica de ouro: criar uma experiência inesquecível de consumo, despertando os sentimentos e as emoções dos seus clientes, é a melhor estratégia. Por isso, a real importância de criar produtos ou serviços pelos quais somos apaixonados. Se nos apaixonarmos por nossas criações, provavelmente, nossos clientes também se encantarão.

Encontre o seu denominador comum

É possível encontrar mais de um talento e querer lapidá-los para trazer algo útil ao próximo e a si mesmo? Claro! Isso se chama "multitalentos" e é algo muito positivo. Se você, assim como eu, tem diferentes talentos, pode ser que todos eles tenham, bem no fundo, alguma coisa em comum. E se você conseguir encontrar essa "coisa em comum", poderá criar seu negócio ao redor disso.

Por isso, encontrar um denominador comum para seu trabalho que seja como um guarda-chuva para desenvolver seus outros interesses e paixões dentro de um negócio é uma das soluções para empreender sua multipotencialidade sem escolher um nicho que poderá restringi-lo. É possível fazer isso.

Quando fiz a minha transição de carreira para o setor de desenvolvimento humano e profissional, foi desafiador, mas aprendi que é possível empreender sem deixar nada que amo de fora. O primeiro passo foi descobrir qual é o tema recorrente em tudo de que gosto e criar meu negócio a partir dele.

Por exemplo, vou utilizar o meu momento profissional atual: na plataforma digital do meu instituto, criei minhas próprias metodologias, comprovei os resultados com centenas de mentorados que utilizaram minhas ferramentas, além de trabalhar o desenvolvimento pessoal, profissional e o empreendedorismo. Apesar de abordar diferentes assuntos, o fio da meada em tudo que faço é auxiliar indivíduos a viverem a sua melhor versão na vida pessoal e nos negócios, com equilíbrio e plenitude.

Sendo assim, qual interesse ou paixão você tem que pode estar conectado a todos os outros?

Combinando interesses diferentes

Se os assuntos de que você gosta são totalmente desconectados, seu negócio não precisa incluir absolutamente todos eles. Alguns podem ser explorados no tempo livre, porque nem tudo tem de se transformar em um negócio. Combinar mais de um desses interesses diferentes, no entanto, pode ser uma boa ideia para empreender. Mesmo que ache que eles não têm nada a ver entre si, juntos, podem ser a forma perfeita de você se diferenciar no mercado.

Por isso, deixo-lhe o seguinte direcionamento: comece investigando um dos seus interesses como forma de explorar outros na sequência.

Você também pode usar um dos seus interesses ou paixões para explorar todos os seus outros interesses e paixões. "Como assim?", você deve estar se perguntando. Pegue um formato de que goste e use-o para analisar múltiplas áreas. Um exemplo simples disso seria uma pessoa que ama escrever arriscar-se em outros assuntos de que também gosta por meio da escrita, expandindo assim não somente o conhecimento, mas a sua área de atuação.

Se você tem mais de uma ideia muito boa, não consegue decidir entre elas, mas não tem tempo ou vontade de fazer tudo simultaneamente, planeje-se para realizar uma de cada vez. Faça um planejamento de cinco ou dez anos. Pense como e quando conseguirá colocar em prática suas duas, três ou mais ideias. No entanto, escolha uma para começar o mais breve possível. O restante acontecerá na sequência, seguindo o seu próprio planejamento!

Transformando seus talentos em algo útil ao próximo

"Cada um exerça o dom que recebeu para servir os outros, administrando fielmente a graça de Deus em suas múltiplas formas" (Hebreus 1:14). Melhor que ser talentoso para si mesmo é ser talentoso para impactar o próximo. Hoje, utilizo a minha história de vida, minhas superações para mostrar que é possível, sim, ter uma vida plena e abundante sem ser workaholic ou viver uma vida disfuncional.

Minha missão é exatamente esta: ajudar as pessoas a terem sucesso empreendendo sem se tornarem escravas do trabalho, tendo equilíbrio nos cinco principais pilares da vida.

Eu só encontrei a minha plenitude e equilíbrio profissional depois de jogar tudo para o alto e seguir em busca do meu propósito, aquilo que amo fazer e faria sempre, com prazer, mesmo sem ser remunerada:

ajudar e inspirar as pessoas a lapidar seus talentos e, com eles, empreender e ter sucesso com equilíbrio na vida.

Portanto, busque lapidar o melhor que há em si em prol de auxiliar quem está à sua volta, e quantas pessoas mais puder.

Case de sucesso

A Laura, minha mentorada sobre a qual comentei no capítulo anterior, que passou por esses passos em busca de viver uma versão melhor de si mesma, nesta etapa descobriu que era uma excelente comunicadora, que se expressava muito bem e que tinha um ótimo relacionamento interpessoal. No entanto, percebeu que lhe faltavam habilidades como paciência e organização para planejar e executar projetos, pois, em razão de seu ritmo acelerado, costumava ir direto para a ação e acabava se frustrando quando as coisas não davam certo.

Laura tratou então de aprender a ser mais paciente e ponderada, desacelerando o ritmo de trabalho. Ela entendeu que se faziam necessárias uma organização e uma gestão de processos para que seu empreendimento fosse um sucesso.

Eu só encontrei a minha plenitude e equilíbrio profissional depois de jogar tudo para o alto e seguir em busca do meu propósito, aquilo que amo fazer e faria sempre, com prazer, mesmo sem ser remunerada.

CAPÍTULO 7
PARA TUDO HÁ UM PROPÓSITO

A partir do momento em que você torna seu autoconhecimento e a lapidação de seus talentos e habilidades úteis ao próximo, é hora de dar o próximo passo. A caminhada rumo à mudança definitiva de vida é longa, mas valerá a pena. Agora, é a vez de encontrar o seu propósito. Passamos quase a totalidade de nossa vida estudando e trabalhando, por isso proponho aqui que o seu propósito de vida esteja totalmente alinhado com a sua profissão, para que você seja você mesmo em todos os setores que atua.

Então, o que é propósito? O propósito pode ser interpretado como aquilo que se deseja para a vida, uma missão, algo maior que se busca atingir. Mark Zuckerberg, fundador do Facebook, disse em seu discurso de formatura em 2019 que "o propósito é o senso de pertencimento a algo superior a nós mesmos, pelo qual devemos trabalhar para um futuro melhor. Isso é o que cria a verdadeira felicidade".[32] O propósito de vida é a motivação verdadeira que vai fazer você se levantar da cama todas as manhãs e encarar todos os obstáculos, dia após dia.

---

[32] LUIZ Felipe Pondé: por que é importante ter propósito? **PUCRS Online**, 17 jan. 2020. Disponível em: https://blog-online.pucrs.br/public/proposito-por-que-e-importante-te-lo/. Acesso em: 30 ago. 2020.

PARA TUDO HÁ UM PROPÓSITO

Antes de tudo, é preciso deixar claro que propósito de vida e objetivo não são a mesma coisa. Costumo explicar que ambos os conceitos não são sinônimos porque muita gente os confunde na hora de delimitar seu propósito. O objetivo tem a ver com o que você quer e o propósito, com o porquê de você querer. Muitas pessoas, quando conquistam algum objetivo, não sentem mais que uma simples satisfação momentânea, que não dura o suficiente para mantê-las motivadas por um longo período. Já o propósito traz uma satisfação duradoura.

Por que encontrar um propósito?

A mudança efetiva de rotina que proponho neste livro leva em consideração algumas questões internas, além do comportamento diário do workaholic. Encontrar a motivação para mudança de vida por meio do seu propósito ajuda a tornar as suas atividades mais leves e, consequentemente, leva a sua vida ao equilíbrio.

Além disso, um estudo conduzido por três pesquisadores de universidades inglesas (College London, Princeton University e Stony Brook University) descobriu que pessoas que viam sentido real no que faziam tinham 30% menos chances de morrer do que as demais. Essa pesquisa acompanhou um grupo de 9.050 ingleses, com a média de idade de 65 anos. O resultado apontou que 9% dos que tinham um propósito faleceram durante o estudo, contra 29% dos que não tinham propósito algum. Conforme os pesquisadores, o primeiro grupo viveu, em média, dois anos a mais do que os demais.[33] Isso quer dizer que ter um propósito ajuda efetivamente na qualidade de vida, na saúde e no bem-estar.

---

[33] SOUZA, Marcelle. Ter um propósito de vida faz você viver mais e melhor. E a ciência comprova. **UOL**, 11 set. 2017. Disponível em: https://noticias.uol.com.br/saude/ultimas-noticias/redacao/2017/07/11/ter-um-proposito-de-vida-faz-voce-viver-mais-e-melhor-a-ciencia.htm. Acesso em: 30 ago. 2020.

Ter esse propósito como um compromisso de vida é importante porque acaba dando um significado à nossa existência e ao nosso esforço constante de todos os dias. Tenha em mente que você é um ser humano único, de características singulares e que tem muito a realizar para si mesmo e a contribuir com os outros. Acredito piamente que o verdadeiro propósito impacta a vida de outras pessoas: contribuir com o próximo, fazê-lo sorrir ou respirar mais tranquilos por algo que você entregou ou falou é inspirador e motiva esse alguém a seguirem firme e forte no seu caminho.

Definindo um propósito

Um propósito tem as seguintes características: é inspiracional, é capaz de causar grandes transformações em um lugar, uma comunidade ou um planeta e tem um "porquê" muito claro por trás, ou além.

A primeira coisa a se fazer é se desligar do passado, porque só assim você pode focar seu propósito. Lembre: você não é o seu passado, e são as suas atitudes de hoje que definirão o seu futuro. Perdoe, aceite e respeite quem você é. Tudo isso faz parte do processo.

A próxima questão é viver de maneira consciente no presente. O estado de consciência lhe traz a paz de espírito de que você precisa para definir e viver verdadeiramente seu propósito.

Depois de muito tempo analisando e buscando a plenitude e o equilíbrio na vida e nos negócios, percebi que alguns itens são fundamentais:

- **Realização pessoal:** o sentimento de cumprimento do seu propósito na vida traz uma sensação incrível de paz interior e gratidão.
- **Realização profissional:** a utilização máxima dos seus talentos, respeitando seus princípios e valores.

- **Realização financeira:** a conquista da sua renda passiva e da tão sonhada liberdade financeira, para fazer o que bem entender com o seu tempo, inclusive poder se doar e se dedicar mais ao próximo.
- **Equilíbrio:** engloba uma generosa porção de tudo o que você considera valoroso e primordial em sua vida para se sentir realizado.

Quando você tiver dificuldade na construção do propósito, ou precisar clarear as ideias, pergunte a si mesmo: "Quando eu morrer, qual legado quero deixar aqui? Como eu quero que as pessoas se lembrem de mim?". Minha resposta a essa pergunta foi: "Quero ser lembrada como uma mulher que motivou, conduziu e inspirou pessoas a viverem a sua melhor versão, acreditarem em si, desenvolverem novas habilidades e talentos. Alguém altruísta e gentil, dona de uma forte conexão com Deus, apaixonada pela maternidade, pela família e pelo empreendedorismo".

Se você consegue responder a essa pergunta, o próximo passo é trabalhar o propósito que deixará esse legado.

Leve o seu propósito com você na sua profissão

Quando se trata de profissão, a remuneração já não é mais um fator preponderante no momento da decisão, mas seu propósito, sim. E, por isso, você precisa mostrá-lo para todos e não ter vergonha de seus sonhos. Alcançar um objetivo profissional é muito importante, mas apenas se você não perder sua paz interior.

Quando você consegue conciliar a sua esfera profissional com o seu propósito – ou seja, carregar consigo seus valores e propósito pessoal em sua profissão –, tudo fica mais leve e sua vida entra em equilíbrio. Nesse momento, você consegue ser um líder que age com propósito, inspirando e conduzindo quem o segue a tomar o mesmo caminho. Como líder ou empreendedor, você deve inspirar os seus liderados ou colaboradores com das suas atitudes, agindo com propósito e não apenas lhes dando ordens, esperando uma obediência cega deles. Demonstrar, por meio de resultados, que você é movido por um propósito e fazer sua equipe se sentir parte fundamental da cultura da sua empresa faz seus funcionários perceberem que sem eles o propósito da corporação não poderá ser 100% cumprido e que cada um, dentro da corporação – seja ela de dois ou 2 mil colaboradores –, tem o seu real valor. De preferência, diga a cada um de que forma eles contribuem para com a empresa e para o cumprimento das metas coorporativas com propósito. Dessa forma, aqueles que trabalham para você se sentirão muito mais motivados a realizar sua função e cruciais para todo o processo, e não apenas uma parte isolada desse todo.

Sendo assim, leve em consideração que na hora de empreender as pessoas não compram o seu "o que", e sim o seu "por que", os motivos e as razões que o movem. Mais do que saber falar sobre o seu propósito e deixar claro para o seu cliente qual é, você precisa agir com propósito e demonstrar com pequenas atitudes que está agindo com congruência e vivendo efetivamente o que se propõe. Hoje, mais do que nunca, principalmente considerando o novo cenário socioeconômico do país em 2020 causado pela pandemia de covid-19 e todas as consequências que impactaram a vida da população mundial, os hábitos de consumo mudaram, e os consumidores se tornaram ainda mais exigentes e críticos – não tenha dúvida de que, antes de consumir seu produto ou serviço, ou até mesmo de "comprar" o seu propósito, eles vão se certificar, vão pesquisar e acompanhar para saber se você realmente entrega aquilo que diz e que vende. Por isso, além da construção de um propósito para sua vida e seus negócios, se faz primordial ter congruência e verdade em suas ações.

Ter esse propósito como um compromisso de vida é importante porque acaba dando um significado à nossa existência e ao nosso esforço constante de todos os dias.

Reflita: "Qual o verdadeiro propósito do meu negócio? Qual dor eu sano? Quais benefícios meu serviço ou produto traz para meu cliente?". Um verdadeiro empreendedor "cura" a dor do consumidor, por isso a venda acontece. Precisa ficar evidente para o seu cliente que o seu propósito é único, singular e intrasferível, ou seja, é um diferencial exclusivo seu (enquanto profissional liberal) ou da sua empresa. Até porque, hoje em dia, quase todos os negócios oferecem produtos de qualidade e características uniformes, os famosos commodities, ou seja, se você quiser se destacar em meio a esse universo repleto de commodities, precisa agregar algo especial e que apenas você ofereça.

Deixe o seu propósito conduzi-lo

As pessoas mais bem-sucedidas que eu conheço possuem um propósito muito bem definido. Caso você ainda não tenha clareza do seu, seguem algumas perguntas que vão lhe ajudar a refletir: o que você quer? O que você ama fazer? Qual a solução para isso? Como imagina uma solução para isso? Quais são os benefícios de usar essa solução?

Isso feito, o próximo passo é o do pensamento realista, em que se analisa racionalmente (deixando as emoções de lado) quais ações precisam ser feitas para transformar esse sonho em realidade. Faça-se as seguintes perguntas: como posso aplicar essa ideia à realidade? Qual é o plano de ação para executá-la? Qual é a linha do tempo da aplicação dessa ideia? Como avaliar essa ideia? Como mensurar os resultados?

E, finalmente, aplique o pensamento crítico. Pense nas barreiras de aplicação da ideia e em seus pontos fracos. As perguntas aqui devem ser: o que está faltando? O que pode dar errado com essa ideia? Por que não devo fazer isso? Quais são as fraquezas do meu plano? Assim você conseguirá definir com clareza o propósito que o move.

Hoje, após encontrar meu verdadeiro propósito e trabalhar com o que realmente amo, faço questão de compartilhar todas as minhas superações para mostrar que é possível ter uma vida plena e abundante sem ser workaholic ou ter uma vida disfuncional, e trabalhando com paixão todos os dias.

Como disse anteriormente, minha missão é exatamente esta: ajudar as pessoas a terem sucesso empreendendo sem se tornarem escravas do trabalho e com qualidade e equilíbrio em todas as principais esferas da vida. Gosto de pensar no meu propósito de forma simplificada: ser aceleradora de sonhos, contribuir, conduzir e inspirar pessoas a "retirarem seus sonhos da gaveta" e colocá-los em prática. Para isso, as pessoas precisam de muito mais do que ter sonhos. Precisam ter coragem, disciplina, persistência e resiliência para planejar, realizar, metrificar e mensurar os resultados até a efetiva realização de cada sonho ou meta, como preferem chamar os mais céticos ou menos sonhadores. Por isso, eu estou sempre lembrando meus mentorados e amigos empreendedores que essas habilidades são treináveis, ou seja, podem e devem ser desenvolvidas por qualquer um de nós enquanto buscamos concretizar sonhos e metas. Não as aprendemos em cursos técnicos, escolas ou formações universitárias e sim na prática.

O propósito na prática

Quero compartilhar aqui o caso de uma mentorada minha. Carolina é proprietária de uma loja de semijoias finas e me procurou para ajudá-la a criar rotinas mais satisfatórias, pois atuou por quinze anos no mundo corporativo e sentia que seus conhecimentos e habilidades no universo do empreendedorismo eram limitados.

O seu público era predominantemente feminino, e os cuidados com beleza, estética e o reflexo na autoestima são, portanto, supervalorizados.

Uma mulher com a autoestima em dia é muito mais realizada em todas as esferas da sua vida, seja ela pessoal, interpessoal, profissional, conjugal. Quando ela se olha no espelho e gosta do que vê, seu humor melhora, seu astral e as suas atitudes perante a vida e os negócios também. É fato que o amor-próprio é fundamental para todos nós, independentemente de sexo, crenças ou classe social. Inclusive, é bíblico: "Amai ao próximo como a si mesmo" (Mateus 22:39).

Proponho, portanto, uma breve reflexão: seu amor-próprio está mesmo em dia? Você verdadeiramente se ama? E por fim, caso sua resposta tenha sido negativa: como amar o próximo, sem antes amar a si mesmo? Quando você se conhece, se perdoa por falhas do passado, se aceita e se respeita. Consequentemente, se ama e sua postura e suas atitudes vão refletir esse amor-próprio. Ter esse autoapreço é o que levará as pessoas em seu convívio e até mesmo aquelas que o acompanham virtualmente, por exemplo, a acreditarem em você, justamente pelo fato de você acreditar em si mesmo – se amando, se respeitando e, acima de tudo, demonstrando tudo isso com suas atitudes e resultados.

No entanto, no ramo de atuação de Carolina, a construção da elevação da autoestima, como propósito, não deve ser baseada apenas em adereços estéticos que ela oferece, e sim no fortalecimento emocional, por meio de um atendimento de excelência, cuidados especiais e personalizados de acordo com o gosto de cada consumidora e, principalmente, com a experiência de consumo única, fazendo a cliente se sentir valorizada. É essa experiência que a fará se sentir realmente especial, trabalhando de forma lúdica, emocional e sistêmica, não simplesmente comercial.

Dessa maneira, com esse processo de atendimento diferenciado e firmando parcerias com três estabelecimentos locais do mesmo segmento, essa mentorada aumentou em mais de 30% o seu faturamento líquido, sem precisar aumentar seus custos fixos tampouco abrir nova loja física.

PARA TUDO HÁ UM PROPÓSITO

Já a Laura, quando iniciou o processo de mudança de rotina e de *mindset*, queixava-se muito das longas jornadas de trabalho, por isso já não conseguia oferecer o seu melhor. Além do mais, descobriu que seu real propósito era ajudar quem precisava de seu conhecimento, uma vez que ela trabalhava com educação. Quando Laura saiu do trabalho corporativo e conseguiu realizar seu sonho de empreender, reduziu suas horas de trabalho e pôde finalmente incluir em sua vida profissional o seu propósito, a ajuda voluntária. Assim, sente-se muito mais realizada.

CAPÍTULO 8
FAÇA A GESTÃO DO SEU TEMPO

Autoconhecimento, lapidação de talentos e busca de propósito. Esses são os três principais pilares para o encontro da felicidade na vida, mais objetivamente na esfera profissional, que é o que eu proponho nesta obra. Passamos a maior parte de nossa vida trabalhando, e por isso se faz necessário buscar a felicidade, ou pelo menos mais tempos felizes, no trabalho. Não que o workaholic não seja feliz trabalhando, mas o objetivo aqui é trazer leveza e equilíbrio no dia a dia por meio da mudança de rotina do sujeito que trabalha exaustivamente. E ter estes três pilares alinhados diariamente fará a felicidade ser algo natural, e não mais o objetivo final.

Uma vez que você sabe de suas capacidades e de suas limitações, que reconhece seus talentos e os melhora para torná-los úteis ao próximo e de acordo com os seus propósitos e legado de vida, é o momento de viver, de colocar em prática toda a imersão que fez consigo mesmo. Se antes do processo o workaholic trabalhava demais, não tendo tempo para descanso e muito menos para lazer, e após o processo continua assim, não adiantou nada passar por todas as fases de se autoconhecer, de estar de acordo com seus próprios propósitos e não organizar o seu tempo profissional e pessoal, porque as consequências negativas do trabalho incessante continuarão – apenas houve uma troca de uma série de atividades por outras.

Por isso, o quarto passo do método para viver sua melhor versão é o que chamo de "Controle e gestão do tempo", pois é o momento de saber exatamente como organizar o dia a dia para que a leveza e o equilíbrio realmente venham à tona.

Não existe falta de tempo, existe falta de prioridades

A velha máxima de que "todos nós temos as mesmas 24 horas" já é conhecida por todos. A verdade é que não existe falta de tempo e sim falta de prioridades. A questão aqui é a gestão e o controle desse tempo. Quando falo de gestão do tempo, não quero dizer maior produtividade, e sim usar o tempo para aquilo que faz mais sentido para você. Para descobrir o que faz mais sentido para você, é necessário elencar o que é prioridade na sua vida. Por isso, faça uma lista do que é prioridade a realizar e quanto tempo você leva para realizar cada um dos tópicos dela. A partir disso, você vai controlar o seu tempo. Isso é fazer gestão e controle do tempo.

Explico melhor: a partir do momento que elencar as prioridades, você só vai acrescentar na agenda o que sobrar, portanto é preciso ser consciente. O que é prioridade no seu dia a dia? Praticar exercícios? Ler? Orar? Passar um tempo com os filhos e com a família? Ler seus e-mails? Liste o que é prioridade e calcule de quanto tempo você precisa para cada uma destas tarefas. Não esqueça que você necessita de tempo hábil para dormir, fazer as refeições, se deslocar até o trabalho, descansar etc.

Gerir o próprio tempo é crucial para manter o seu dia em suas mãos. Para isso, você terá de dedicar tempo na autogestão. Estabelecer metas e tarefas seguindo suas prioridades, portanto, facilita na sua execução. O que acontece, porém, é que muitos acabam enchendo a agenda diária com metas de forma que nunca conseguem cumprir a programação, sempre ultrapassando os limites e chegando a exaustão, fadiga excessiva e até mesmo *burnout*, sobre o que comentei anteriormente, virando um círculo vicioso. Portanto, cuidado! Nem tudo é prioridade, é preciso aprender a dizer "não".

Dizer não pode ser difícil para muitas pessoas, então algumas dicas podem facilitar o processo de negar solicitações indesejadas:

- **Tire um tempo para considerar o pedido — perceba se o convite ou o que foi requisitado realmente é relevante ou está de acordo com suas metas, se pode ser excluído ou delegado a alguém.**
- **Se não for prioridade, ofereça uma alternativa ou estabeleça um novo prazo para a realização.**
- **Evite detalhes. Se é o caso de dizer não, apenas diga, não é necessário dar mais explicações.**
- **Considere as consequências de aceitar ou não o que foi pedido ou ao que foi convidado a fazer.**

Dizer "talvez" ou "vamos abordar isso mais tarde" quando sabe que a resposta é "não" apenas faz todos os envolvidos perderem tempo. Ter medo de negar é algo que precisa ser eliminado da rotina do novo worklover.

Livre-se da procrastinação

Quem opta pela carreira de empreendedor, por exemplo, tem muitos benefícios em relação à qualidade de vida e produtividade, pois pode controlar os próprios horários e ter mais tempo para familiares e amigos e não precisa lidar com chefes cobrando prazos. Essa liberdade, contudo, também traz algumas armadilhas e sabotadores, muitas vezes "invisíveis". Talvez o principal deles seja o da procrastinação.

Essa palavra, que está em alta no momento, significa o hábito de atrasar a realização de tarefas mais trabalhosas e importantes para priorizar tarefas mais agradáveis e menos urgentes, podendo prejudicar seu potencial, além de reduzir sua produtividade e resultados na sua vida e no trabalho.

O ato de procrastinar é uma escolha, consciente ou não. Você escolhe ignorar uma tarefa que deveria fazer para iniciar outra mais fácil. E existem dois tipos de procrastinação: a passiva e a ativa.

A procrastinação passiva é exatamente o que se entende pelo conceito: deixa-se de fazer o que realmente precisa fazer e perde-se tempo com o que não era necessário. Por exemplo, em vez de fixar-se no projeto que precisa entregar, fica mais tempo olhando o *feed* de notícias das redes sociais, assiste à televisão, conversa com os amigos, responde a e-mails — faz qualquer coisa para adiar o projeto só mais um pouquinho. Esses atrasos certamente são prejudiciais. Já a procrastinação ativa é aproveitar a procrastinação para fazer tarefas úteis, que é colocar em dia outras tarefas que tomariam tempo de todas as formas, como responder a mensagens, ajustar projetos, fazer pequenos acertos em planilhas etc.

Independentemente da forma como a procrastinação seja feita, sem dúvidas, é uma sabotadora do controle e da gestão do seu tempo, pois trata-se de um hábito e, portanto, pode ser eliminado da sua rotina. Além disso, a procrastinação pode afetar a saúde mental, pois faz você sentir uma desmotivação progressiva, acabando por se desiludir com a carreira. Quem trabalha para si e já passou por isso sabe que é comum sentir-se envergonhado ou triste por não conseguir dar um passo à frente.

Portanto, reconheça cada um dos sabotadores que estão prejudicando a organização de sua agenda. Lembra-se da definição das atividades prioritárias? O que não for prioridade pode ser feito depois e o que você não listou e está fazendo é um sabotador do seu resultado. Atividades como série de TV durante o expediente, joguinhos de celular, redes sociais etc. são distrações inúteis que impedem a realização das suas metas.

Coloque na sua agenda períodos de pausa e dias de lazer para que você realize essas atividades mais tranquilo e sem peso na consciência, mas sabendo que também é preciso ter foco no trabalho.

Muitos empreendedores preferem trabalhar sob horários predeterminados de "início" e "fim", enquanto outros são mais produtivos em horários mais flexíveis e espalhados ao longo do dia. É preciso buscar a sua preferência de horários e ter cuidado para não marcar compromissos nos horários escolhidos, como reuniões, encontros com familiares e ligações.

Também é interessante pensar em um lugar adequado para trabalhar. O empreendedorismo entende que não é necessário ter um escritório, mas é importante dedicar um espaço para guardar materiais, informações e tudo de que você precisa para cumprir sua função. E, caso tenha um escritório, organizar o espaço onde trabalha também é recomendável, já que este será o local onde o seu cérebro entrará no modo "trabalho" para criar esse novo hábito.

Como conseguir realizar tudo o que precisa

A maior parte das pessoas não realiza o que quer porque diz que lhe falta tempo. E muita gente se engana achando que preenche o dia somente com atividades extremamente importantes. Por esse motivo, algumas técnicas para controlar o tempo com mais qualidade devem ser consideradas numa rotina funcional para encontrar a leveza.

É o caso da técnica "Matriz de gerenciamento do tempo", também chamada de Matriz Eisenhower, que define a relevância de tempo de

A verdade é que não existe falta de tempo e sim falta de prioridades. A questão aqui é a gestão e o controle desse tempo.

realização das tarefas.[34] O método se apoia em um questionamento básico para o planejamento das ações: esta atividade é urgente ou é importante? Ou seja, as atividades urgentes precisam ser feitas imediatamente; logo em seguida, vêm as atividades importantes. Aquilo que você não considerar urgente nem importante virá na sequência.

Para sabermos identificar facilmente o que seria uma tarefa urgente ou uma tarefa importante, olhemos a classificação proposta pela Endeavor,[35] uma importante organização internacional que apoia o empreendedorismo:

- **Urgentes:** são aquelas atividades com prazos curtos ou que já estouraram, sempre realizadas de forma apressada e que podem ser estressantes, tendo doses de pressão e preocupação.
- **Importantes:** são as atividades que trazem resultados no curto, médio e longo prazo e que, apesar de um pouco trabalhosas, podem ser programadas e planejadas.

A partir das prioridades do seu dia a dia, basta elencar as tarefas minuciosamente entre urgentes, importantes e as que não se encaixam em nenhuma denominação.

Organizar as tarefas do seu dia ou até mesmo da sua semana de acordo com o seu grau de realização das tarefas pode ajudar que você faça aquilo que mais vai gerar valor na sua vida, cumprindo, assim, as metas que você estabeleceu. Entretanto, isso não significa que só porque uma tarefa está elencada entre importante ou urgente ela será completada rapidamente e sem nenhum cansaço. Pelo contrário, quanto mais tempo você se dedicar a uma tarefa difícil, maior será seu cansaço mental.

---

[34] PAIM, Flavio. A matriz de Eisenhower e o gerenciamento do tempo. **Administradores**, 10 ago. 2015. Disponível em: https://administradores.com.br/artigos/a-matriz-de-eisenhower-e-o-gerenciamento-do-tempo. Acesso em: 30 ago. 2020.

[35] *Idem.*

Mesmo que você tenha feito o gerenciamento de tempo perfeito para aquilo de que precisa.

Portanto, é preciso cuidar com a procrastinação e dar o devido descanso de que sua mente e seu corpo necessitam para voltarem ao foco. O melhor jeito para que você possa manter o seu bom rendimento ao longo do dia é intercalar tarefas de três tipos:

- **Repetitivas e/ou operacionais:** responder a e-mails, retornar chamadas, agendar postagens nas redes sociais, por exemplo.
- **Criativas:** definir novas estratégias, criar conteúdo, escrever etc.
- **Físicas:** organizar a mesa de trabalho, buscar alguma coisa, fazer quinze minutos de alongamento etc.

Além disso, você também pode definir o melhor período do dia em que se sente mais produtivo e utilizá-lo para atividades criativas. Ou definir uma temporada de trabalho ininterrupto, como de sessenta a noventa minutos, dando um intervalo de cinco a dez minutos. Assim, a produtividade tende a ser maior.

Outra forma para conseguir realizar o que precisa é estabelecer processos para algumas atividades – como deixar os alimentos semipreparados para a semana. O mesmo pode ser aplicado em atividades de seu empreendimento, ou ao diminuir os processos para otimizar e controlar seu tempo nos seus afazeres – por exemplo, mudando trajetos e rotas que se está acostumado. Que tal pegar algum atalho e chegar mais rápido ao seu destino?

Delegar tarefas também é uma maneira de otimizar sua agenda. Aprenda e entenda que, ao fazer isso, você não está fugindo das suas responsabilidades. Delegar, aliás, é uma função importante de quem tem cargos de gerência ou liderança.

Como escolher por onde começar

A priorização de projetos é um dos nossos maiores desafios como multipotenciais. É difícil escolher por onde começar e deixar para trás todas as outras possibilidades que parecem superinteressantes e promissoras. Podemos facilitar esse processo usando diferentes critérios:

- **O potencial do negócio de ajudar pessoas.** Se seu principal objetivo ao empreender é solucionar o problema do maior número possível de pessoas, este pode ser seu critério. O negócio que ajuda mais pessoas, normalmente, também é o que tem maior potencial de renda.

- **O significado que o negócio tem para você.** Esse é o critério mais subjetivo, mas uma forma de escolher é começar pelo projeto que toca mais fundo no seu coração. Se está difícil escolher e todas as suas ideias de projeto parecem maravilhosas, pode ser que você sinta que uma é mais especial que a outra. Se tiver a sorte de sentir isso, comece por aí. Por qual desses projetos o seu coração bate mais forte?

- **O tempo em que o negócio pode ser automatizado.** Quanto menos tempo melhor, então talvez seja bom começar com o projeto que pode ser automatizado mais rapidamente. Isso vai liberar seu tempo e energia para partir para o próximo.

- **O potencial de geração de renda do negócio.** Quanto maior o potencial de o projeto gerar renda para você, mais fácil será investir em outros negócios e no seu desenvolvimento pessoal. Este pode ser seu critério se você precisa de renda para sair do seu emprego formal. Ou de dinheiro para terceirizar tarefas do seu projeto atual, o que traria mais flexibilidade de tempo para a criação de novos projetos.

FAÇA A GESTÃO DO SEU TEMPO

Avalie-se!

O tempo vai passar de qualquer jeito, e na mesma velocidade, para todos nós. Por isso, use e abuse de ferramentas que estiver a seu dispor para ajudar a entender suas tarefas e seu tempo, sem se esquecer de suas prioridades, de suas metas e, principalmente, sem deixar de entender que tudo pode e deve ser feito com tranquilidade e qualidade de vida.

Eu costumo anotar tudo que faço por um período de tempo para avaliar se vale a pena, se minhas atitudes diárias estão de acordo com os propósitos ou se me afastam ou me aproximam de minhas metas e até mesmo de meus sonhos profissionais. Não tenho medo de dizer não para aquilo que não vai acrescentar ao cumprimento do que estabeleci como prioridade em minha vida.

Você pode fazer uso de digital em forma de app (Toggl, Trello e Todoist) para celular ou de quadros na parede para melhor visualizar o que está fazendo e o que pretende fazer. Tudo é válido para ajudar na construção do seu dia a dia e do cumprimento de suas atividades.

A questão não é estar ocupado demais, mas com o que você está se ocupando. Estar atarefado nem sempre quer dizer que essa ocupação é produtiva. A pergunta que você deve se fazer para todas as tarefas que estão lhe tomando tempo sempre é: essa ação me aproxima das minhas metas? Caso a resposta for negativa, deve-se eliminar essa tarefa ou ação, pois ela está apenas distraindo-o. Tudo que não o aproxima da sua meta não deve ser mantido na sua rotina, pois a intenção aqui é dar pequenos passos todos os dias, rumo à realização das suas metas e sonhos.

VIVA A SUA MELHOR VERSÃO

Ferramenta para mensurar resultados: agenda funcional para conquista da sua vida extraordinária

A proposta aqui é fazer você ter uma visão de 360 graus de absolutamente tudo o que faz de segunda a sexta-feira, da hora em que se levanta da cama até a hora em que vai dormir. Isso mesmo, você precisará anotar suas atividades a cada quinze minutos.

Exemplo: se você acorda às 5h, você anota que acordou nesse horário; às 5h15 está meditando; às 5h30 está tomando café; às 5h45 está lendo o jornal; e assim por diante, até o momento em que se deita para dormir. Caso fique trinta minutos, uma hora ou mais em um único compromisso, você pode anotar dentro desse espaço de tempo, e não a cada quinze minutos, mas não se engane. Exemplo: se você fica duas horas na academia, mas vai tomar água cinco vezes, depois faz uma pausa para conversar mais umas três vezes, vai ao banheiro umas quatro vezes, acessa o celular e redes sociais umas dez vezes, isso quer dizer que você não treinou por duas horas, entende? O primeiro passo para uma rotina de sucesso é a consciência do que o está impedindo de agir e ocupando o seu tempo de forma improdutiva.

Após finalizar as anotações de uma semana completa, pare para analisar cada dia seu. Quanto tempo perdeu em redes sociais? E batendo papo? Assistindo a conteúdos negativos, sensacionalistas? Procrastinando? Ou simplesmente sem fazer nada, queimando seu precioso presente que é o seu tempo?

- Extermine tudo aquilo que não acrescenta em nada na conquista de suas metas, tudo que o impede de agir, que o amedronta, gera expectativas irreais, intimida ou afasta de seus sonhos.
- Relacione suas prioridades e confira se elas estão presentes em sua atual rotina. Caso não estejam, você precisa acrescentar.

FAÇA A GESTÃO DO SEU TEMPO

- Utilize seu tempo com sabedoria, mantenha o hábito de analisar a sua agenda e rotina ao menos uma vez na semana, a fim de mensurar o que está fluindo bem e o que não está. Dessa forma, você sempre terá agilidade na tomada de decisão caso precise de uma mudança ou alteração para melhorar algo que não está fluindo. É assim que se conquista a alta performance, fazendo mais em menos tempo. Isso requer organização, prática, estratégia, planejamento e acompanhamento constante.

CAPÍTULO 9
CONSTRUA A ROTINA CERTA

Agora que você aprendeu a fazer a gestão do tempo de forma a otimizar a agenda e aumentar a performance, chegou o momento de construir uma rotina que realmente funcione para você, que esteja de acordo com as metas que você busca, pois só assim ela lhe trará resultados efetivos. Aqui está, então, o quinto e último passo da jornada de mudança da sua vida em busca da sua melhor versão.

Quando falo de rotina, muitas pessoas acabam pensando em mesmice ou até em monotonia ou em falta de criatividade. Na verdade, porém, a rotina à qual me refiro é funcional, ou seja, uma organização que facilite a sua vida e torne o seu dia mais fácil e prático, porque somente assim ela contribuirá com o cumprimento das suas metas e, consequentemente, com o seu sucesso.

Rotina é sinônimo de prática, de costume e hábito. Então, o primeiro passo para o desenvolvimento de novos hábitos, sejam aqueles que você ainda não possui ou que precisa aperfeiçoar para melhorar o seu dia a dia, é torná-lo parte da sua nova rotina e praticá-lo com frequência.

Quem nunca sonhou em incorporar em seu dia a dia rotinas que permitam uma vida mais saudável e equilibrada, como parar de fumar, ter

CONSTRUA A ROTINA CERTA

uma alimentação saudável, praticar exercícios regularmente, ter mais tempo de qualidade com a família, ter mais momentos para meditação e conexão com a sua paz de espírito, trabalhar menos e ganhar mais etc.? E quem nunca parou para admirar aqueles que conseguem seguir uma dessas rotinas e diz para si mesmo: "Um dia eu vou ser assim"? O que acontece no processo quando você "tenta" fazer isso? Em muitos casos, quem começa o processo de mudança perde a motivação depois de pouco tempo, principalmente por não notar os resultados desse novo hábito de um dia para o outro; assim, deixa de segui-lo, acabando por se frustrar e abandonar o que mal começou.

Sempre que você começa a praticar algo novo, mesmo que já saiba como fazê-lo, até que essa tarefa se torne um hábito, implicará um esforço extra. Isso quer dizer que vai fazer o seu corpo ou ritmo de vida se adaptar às novas rotinas que antes eram desconhecidas. Portanto, as chaves para criar um novo hábito serão a consistência e a perseverança, que terão que estar muito presentes em sua rotina para que você consiga enfrentar a tentação de desistir e seguir.

Esse esforço maior terá que ser mantido até efetivamente conseguir que o comportamento seja incorporado em seu repertório habitual. É claro que é mais fácil realizá-lo e executá-lo de forma mais natural, e sem esforços, quando isso ocorrer. O primeiro passo, então, será definir bem o que você quer alcançar; se for algo que quer e pelo qual se sente motivado, será muito mais fácil começar, passar por essa fase de adaptação e mantê-lo. Afinal de contas, "a diferença entre o possível e o impossível está na determinação",[36] como diz Tommy Lasorda.

---

[36] LASORDA, Tommy. A diferença entre o possível... **Pensador**, [s.d.]. Disponível em: https://www.pensador.com/frase/MTAwNTQ2OA/. Acesso em: 30 ago. 2020.

O que não pode faltar na rotina diária

Para garantir que a sua rotina seja realmente funcional e o ajude a alcançar o sucesso em suas metas, você deve começar elencando tudo sem o que não vive, ou seja, os seus valores. Para isso, elenque pelo menos cinco das suas prioridades que estejam de acordo com o seu momento de vida, e, claro, suas fontes de prazer, além do trabalho, para que possa ter ainda mais estímulos e seguir e para que a sua rotina não se torne maçante e cansativa. Você pode se espelhar nas listas que fez no capítulo anterior.

No meu caso, por exemplo, acho melhor garantir a prática de alguns itens que considero de maior relevância na minha rotina logo no período da manhã, justamente pelo fato de que cada um deles contribui, à sua maneira, para que eu tenha um dia melhor e mais produtivo. Eles são responsáveis por manter os níveis de produção de hormônios benéficos em dia, o que eu chamo de "farmácia interna", sobre a qual explicarei mais à frente, que ajudam a ter disposição, energia e ânimo para cumprir a agenda familiar e profissional.

Vou compartilhar aqui as minhas primeiras atividades de todos os dias para inspirá-lo a montar a sua rotina diária. Essas atividades estão incluídas nos sábados, domingos e feriados e independem de eu estar viajando ou de férias — faça chuva ou faça sol, eu as pratico com maior ou menor intensidade, pelos benefícios que trazem a mim e pela facilidade de poder realizá-las em qualquer local.

Meu dia a dia

- **Ao acordar** – Assim que eu acordo, faço minhas preces, orações e bato aquele papo íntimo com o meu Pai, Deus. Nesse momento, descrevo exatamente como eu gostaria que fosse meu dia e peço a Sua permissão e bênção para que tudo transcorra da melhor forma possível.

- **Gratidão –** Ainda na cama, eu listo meus motivos de gratidão. Agradeço por absolutamente tudo o que Deus me proporciona, inclusive o fato de estar viva e acordando com saúde para um dia novo e repleto de possibilidades. Se quiser fazer essa prática em frente ao espelho, enquanto escova os dentes, se arruma ou faz maquiagem, é interessante falar olhando nos seus olhos e se conectando com o seu eu. Mas a prática da gratidão é um estilo de vida, que deve ser adotado e utilizado sem moderação por todos que queiram uma vida plena e abundante. Explicarei com mais detalhes logo adiante.

- **Leitura –** Reservo no mínimo trinta minutos para a leitura matinal de algum assunto relacionado a projetos em andamento ou algo mais abrangente visando a expansão de *mindset* e conhecimentos gerais. Além da leitura, também criei o hábito de ouvir ao menos um audiolivro todos os dias, um costume que começou quando viajava de uma clínica para outra e que mantenho até hoje.

- **Meditação –** Conforme comentei no Capítulo 5, pratico a meditação transcendental durante vinte minutos, ao acordar e após o almoço. Existem inúmeras formas de meditação e não importa qual você vai escolher, o essencial é que a prática lhe traga paz de espírito e tranquilidade para agir de forma equilibrada e mais sensata no seu dia a dia.

- **Atividade física –** As atividades físicas são uma fonte gratuita de hormônios como endorfina, serotonina e dopamina, que nos proporcionam benefícios como sensação de bem-estar, de missão cumprida, de euforia e disposição.[37] O exercício faz que nos sintamos mais vivos e ativos, prontos para executar nossas tarefas diárias. Qual atividade escolher e o tempo de duração vai depender das suas condições físicas e pré-disposição aos esportes. Pode ser uma caminhada, subir e descer escada (para você, que mora em prédio, por exemplo), passear com cachorro, pular corda, pedalar, praticar Pilates, ioga, treino funcional, entre outros, desde que pratique no mínimo vinte minutos todos os dias. Eu gosto muito de caminhar, pedalar, praticar Pilates, fazer treinos funcionais e musculação.

- **Abraço de quarenta segundos** – Esta é uma poderosa e infindável fonte de produção de ocitocina. Basta você abraçar seu filho, cônjuge, mãe, pai, irmão, familiares, amigos de trabalho e até mesmo pessoas com quem não tem muita intimidade, desde que permaneça abraçado por quarenta segundos. Trata-se do tempo suficiente para produzirmos a ocitocina, conhecida como hormônio do amor, que causa sensação de paz e bem-estar.[38] O mesmo pode ser replicado com nossos animaizinhos de estimação. Beijos fraternos também potencializam a produção desse hormônio.

- **Fontes de prazer (fora do trabalho)** – Essa é uma sugestão que faço, principalmente para os workaholics ou ex-workaholics assim como eu, justamente para não correr o risco de ter apenas o trabalho como fonte de prazer. Procurar atividades que produzam ocitocina, como bate-papo com amigos que agregam valor e conhecimento e te façam rir; atividades que você possa fazer

---

[37] OS HORMÔNIOS da felicidade: como desencadear efeitos da endorfina, oxitocina, dopamina e serotonina. **BBC Brasil**, 2 abr. 2017. Disponível em: https://www.bbc.com/portuguese/geral-39299792. Acesso em: 30 ago. 2020.

[38] *Idem.*

Para garantir que a sua rotina seja realmente funcional e o ajude a alcançar o sucesso em suas metas, você deve começar elencando tudo sem o que não vive, ou seja, os seus valores.

sozinho, que não dependam de ninguém, como cantar, dançar, pedalar, nadar, praticar algum esporte, tocar algum instrumento.

Esses são os meus principais valores que já pratico logo quando acordo. Não tenho horário pré-fixado, normalmente acordo entre 5h e 6h da manhã, mas às vezes acontece de acabar acordando um pouco antes ou um pouco depois. Não costumo fazer uso de despertador, a menos que tenha algum compromisso muito cedo. Em aproximadamente duas horas consigo executar todos os itens anteriores e, claro, quando tenho um pouco mais de folga na agenda, gosto de ampliar o tempo de atividade física e leitura.

Isto feito, já posso começar o meu dia com muito mais disposição e confiança de que tudo vai fluir bem. E então, após esse meu ritual matinal, utilizo o tempo que me resta para realizar as minhas prioridades. Caso você não tenha uma relação clara com suas prioridades diárias, sugiro criar uma agenda do dia e segui-la à risca.

Depois de cumprir a sua agenda de valores e prioridades, você poderá encaixar mais compromissos ou tarefas de acordo com o que considera mais interessante e que reflita em benefícios para você e melhora na sua qualidade de vida. No entanto, lembre-se de não gerar sobrecargas a fim de evitar estresses desnecessários.

Também sugiro que você estabeleça uma métrica que criei e que funciona para mim e tem funcionado muito bem para meus mentorados: o Denominador de Mínimo Esforço (DME), que garante o mínimo de performance nas principais esferas da sua vida. Eu costumo utilizar o DME da seguinte forma:

- **para minha saúde física,** estabeleço, o mínimo de vinte minutos de atividade física diária e alimentação saudável, incluindo frutas, legumes e proteínas grelhadas;

- **para saúde mental,** estabeleço o mínimo de trinta minutos de leitura diária;
- **para saúde emocional,** produzo ocitocina através do abraço de quarenta segundos e tempo de qualidade com meu filho e família;
- **para saúde espiritual,** faço no mínimo uma meditação ao dia, orações e motivos de gratidão;
- **para saúde financeira,** o controle dos gastos diários e uma leitura diária relacionada a finanças.

Dessa forma, eu evito o sentimento de frustração dos dias em que procrastino ou até mesmo daqueles em que acontecem adversidades e infortúnios que me impossibilitam de cumprir a agenda por completo.

Assim, com o DME, cumpro o mínimo de cada esfera para não sentir que "perdi" o dia, porque na verdade, quando faço uso inteligente do tempo, dificilmente me frustro ou considero um dia como desperdiçado ou inútil.

Além da questão fisiológica, acho importantíssima e faço questão de mencionar a questão vibracional que emanamos ao Universo. A paz de espírito precisa estar presente na sua rotina. É importante atentar-se às forças do universo e, consequentemente, às vibrações que emite. É importante vibrar na mesma vibração daquilo que se quer de volta para a vida própria, justamente para não ter nada diferente do que deseja e merece como consequência da lei universal da atração.

Lei da atração

A lei da atração determina que é possível alcançar o que se almeja pelo desejo. Este não é um termo novo. Apareceu pela primeira vez na edição de 6 de abril de 1879 do jornal *New York Times*[39] e vem sendo discutido desde então.

Thomas Troward,[40] escritor inglês, em 1904, disse que o pensamento antecede a forma física, ou seja, emanamos em ondas o que queremos para a nossa vida. Isso quer dizer que se você quer alguma coisa de verdade e realmente acredita que vai conseguir, torna esse desejo realidade porque vai atrair o que quer para sua vida.

O universo é feito de energia e absolutamente tudo que está nele é constituido de energia e produz vibração. Logo, se você pensar negatividades como escassez, sofrimento ou dor, esses pensamentos gerarão energia, que será emanada para o universo. E este devolverá a você exatamente a mesma frequência negativa.

Outros autores pesquisaram e escreveram sobre o tema da lei da atração, como Napoleon Hill (1937), Norman Vincent Peale (1952), Louise Hay (1984), Rhonda Byrne (2006), Elainne Ourives (2019). Todos defendem a ideia de que, a partir deste princípio, você é o que você pensa.

É possível que você utilize a lei da atração para conseguir se concentrar nos seus pensamentos e sentimentos positivos e criar um resultado positivo, mas a verdadeira mudança exige muito mais do que simplesmente pensamentos. Exige ações e atitudes positivas, congruentes e consistentes, voltadas à prosperidade.

Faça uma rotina da sua rotina

Tenha sempre um dia fixo para planejar a semana seguinte. Eu sugiro a organização semanal justamente para melhor encaixar as atividades

---

[39] A LEI da atração: verdade ou exagero para a Psicanálise? **Psicanálise Clínica**, 30 set. 2019. Disponível em: https://www.psicanaliseclinica.com/a-lei-da-atracao/. Acesso em: 30 ago. 2020.

[40] LUZ, Rafael da. Lei da atração funciona? Muito cuidado com ela! **Engrandece**, [s.d.]. Disponível em: https://engrandece.com/lei-da-atracao-funciona/. Acesso em: 30 ago. 2020.

prioritárias que você estabeleceu anteriormente e organizar melhor seu tempo. Não esqueça que sua agenda pode e deve ser flexível. Por isso, imprima ou desenhe um quadro com sua rotina semanal e coloque as datas e horários de cada tarefa; assim, você pode criar métricas e mensurar se os objetivos estão sendo cumpridos, garantindo tanto a mudança de estratégia ou hábito, caso necessário, como o efetivo cumprimento de determinada tarefa.

Faz-se necessária a criação de uma espécie de plano de ação, para facilitar o cumprimento de tudo que você precisa e estabeleceu para alcançar seus objetivos. Isso implica criar metas a curto, médio e longo prazo para impedir que desista logo na primeira barreira, e que possibilite continuar perseverando ao ver que está cumprindo aquilo que propôs a si mesmo. Este plano também deve incluir a definição da hora do dia em que se faz a atividade, pois os planos mais bem definidos e organizados são muito mais fáceis de seguir e trazem segurança, além de reduzir a ansiedade durante o percurso.

Criar uma "rotina da rotina" na qual você aja de modo natural, constante e frequente e automatizar esses hábitos sem requerer tanto esforço é tarefa da construção de um hábito. O tempo de que você precisa para repetir esta tarefa até se familiarizar com ela é variável, dependendo de pessoa para pessoa e de hábito para hábito. Algo totalmente novo e diferente daquilo a que você está acostumado certamente exigirá mais tempo de prática do que um hábito mais próximo da sua realidade ou mais simples de fazer.

Um estudo recente de University College de Londres, publicado no *European Journal of Social Psychology*,[41] afirma que é preciso 66 dias para transformar um novo objetivo ou atividade em algo automático, de tal forma que não seja necessário ter força de vontade. Muitos

---

[41] RAMÍREZ, Patricia. Bastam 66 dias para mudar um hábito. **El País**, 7 jul. 2015. Disponível em: https://brasil.elpais.com/brasil/2015/07/01/eps/1435765575_333302.html. Acesso em: 30 ago. 2020.

estudos afirmam que modificar e automatizar um hábito exige 21 dias. No fim, o tempo que levará para a aquisição de um novo hábito não importa, depende exclusivamente de você, pois, como afirmou William James, um dos pais da Psicologia, em 1890, "o cérebro é plástico". Segundo a sua teoria da neuroplasticidade, "a plasticidade cerebral é a alteração estrutural no cérebro, resultado de adaptações do indivíduo e/ou estímulos repetidos".[42] Ou seja, todo cérebro humano é capaz de mudanças funcionais contínuas, basta repetir até "esculpir e moldar" o próprio cérebro.

Se mesmo assim você não está seguro de que está no caminho certo, pergunte a si mesmo: por que quero adquirir esse novo hábito? Para responder a essa questão, imagine então o que deseja para o seu futuro ou pense o que você vai ganhar de positivo com esse novo comportamento. Isso o ajudará a permanecer motivado a continuar. Ter esses objetivos sempre em foco facilita a prática diária.

E por fim, é claro, não permita, mais uma vez, que a procrastinação tome conta, ou seja, não deixe para amanhã o que você pode começar hoje ou até mesmo agora. Quanto antes iniciar, mais cedo vai alcançar aquilo que deseja. Lembre-se de que o tempo passará de todas as formas, portanto, daqui a um ano, você desejará ter começado hoje. Criar hábitos novos requer disciplina e trabalho constante, e, se realmente desejar com intensidade e paixão o que quer, conseguirá cumprir e adquirir o novo costume.

Tenho certeza de que alcançará essa conquista com um largo sorriso no rosto. E, quando o novo hábito for incorporado à sua rotina de forma natural, você agradecerá os benefícios de todo seu esforço.

---

[42] FUNCK, Jessica. Plasticidade cerebral: como ela pode te ajudar a desenvolver seu cérebro. **Mundo da Psicologia**, 23 mar. 2015. Disponível em: http://mundodapsi.com/plasticidade-cerebral-desenvolver-cerebro/. Acesso em: 30 ago. 2020.

Pense o que você vai ganhar de positivo com esse novo comportamento. Isso o ajudará a permanecer motivado a continuar.

A prática da gratidão como estilo de vida

Agradecer é um sentimento tão especial que nos transforma de dentro para fora. Costumo agradecer todos os dias, durante alguns minutos, por absolutamente tudo que sou e tenho, por cada barreira enfrentada e obstáculo vencido. Dessa forma, sinto os efeitos positivos como entusiasmo e otimismo que me ajudam na minha transformação diária.

Não somente eu noto os benefícios da prática da gratidão, muitos que praticam esse hábito diariamente também o fazem. E mais: a gratidão tem sido objeto de estudo de diversos pesquisadores. É o caso do psicólogo Robert Emmons, que escreveu um livro com o tema, o *Agradeça e seja feliz!*, e passou décadas estudando os efeitos da gratidão na vida das pessoas.

Segundo Emmons, "a gratidão é, literalmente, uma das poucas coisas que podem imensuravelmente mudar a vida das pessoas".[43] Indivíduos gratos vivem melhor, pois vivem mais felizes por mais tempo, se estressam menos, se preocupam menos, já que sempre encontram algo para agradecer.

E tem mais, a prática da gratidão nos blinda de sentimentos e emoções negativas como mágoas, ressentimentos, ciúmes, nos ajudando a reconhecer o que temos de bom e evitando que reclamemos dos infortúnios e problemas. Afinal, reclamar nada mais é que clamar duas vezes, pois o prefixo "-re", significa fazer de novo, repetir.

Assim, a gratidão tem poder porque funciona como uma espécie de antídoto emocional capaz de melhorar a vida das pessoas em diversas áreas.

Por isso, e com base na obra do psicólogo Robert Emmons, deixo como sugestão algumas estratégias para a prática da gratidão como estilo de vida.

---

[43] EMMONS, R. A. **Agradeça e seja feliz!** 2. ed. Rio de Janeiro: Best Seller, 2009. p. 11.

- **Diário da gratidão** – Mantenha um diário de gratidão. Anote diariamente as coisas pelas quais você é grato; em seguida, quando precisar reafirmar sua boa sorte na vida, olhe para suas anotações.
- **Lembrar-se das coisas que já foram ruins** – Nós, enquanto seres humanos, temos tendência a sermos mais gratos quando a vida está correndo bem, quando estamos felizes e realizando nossos planos com facilidade. Mas é importante lembrar as dificuldades e superações para poder valorizar os tempos menos difíceis.
- **Três perguntas de gratidão** – Todas as noites, faça a si mesmo as três perguntas a seguir, preenchendo com o nome de uma ou mais pessoas.

  O que eu recebi de _____?

  O que eu dei para _____?

  Quais problemas e dificuldade eu causei a _____?

  Essas perguntas nos possibilitam um momento de autorreflexão e podem ajudar a lidar melhor com os problemas de relacionamentos.
- **Aprenda orações de gratidão** – Eu recomendo que você tenha sua própria forma de praticar a gratidão, porém pode se basear nas orações ou passagens bíblicas referentes à gratidão com as quais mais se identifique. Escolha a sua e pratique. O mais importante é que essas palavras sejam honestas e façam sentido para você.
- **Respiração de gratidão** – Essa prática consiste em apreciar os seus sentidos (o que eu mencionei anteriormente na abordagem de prática de exercícios de mindfulness e meditação no Capítulo 5).
- **Lembretes de gratidão** – Use lembretes visuais para as práticas de gratidão consciente. Por exemplo, eu uso ímãs de

geladeiras e adesivos em meu *notebook* que me fazem lembrar e refletir sobre os meus motivos de gratidão.

- **Votos de gratidão –** Fazer votos é o mesmo que fazer uma promessa. Prometer durante a prática de gratidão diária vai ajudar você a se manter comprometido a realizar determinado comportamento. Pode prometer a si mesmo, a alguém que sentirá orgulho de seu desenvolvimento ou a alguma energia divina. Tudo isso pode realmente aumentar o seu comprometimento e, consequentemente, a probabilidade de a ação ser realizada.
- **Linguagem de gratidão –** Procure aumentar seu vocabulário com palavras de gratidão. Suas palavras e seus pensamentos podem moldar seu comportamento. Então, use e abuse da gratidão.
- **Simule gratidão –** Quando as pessoas simulam determinadas emoções, tendem a se comportar de acordo com o que foi simulado. Portanto, mesmo que seja difícil no início praticá-la, comece a simular a atitude de gratidão e se comprometa com o treino e a constância.
- **Pense lateralmente –** Essa prática é um pouco desafiadora, confesso. A intenção aqui é sermos gratos às pessoas que de alguma forma possam ter nos prejudicado. E sermos gratos àqueles a quem ajudamos de alguma maneira.

Geralmente, somos gratos a quem nos beneficiou de alguma forma, nunca o contrário. No entanto, agradecer quem nos prejudica também é uma forma de elevação, pois a dificuldade nos oportunizou aprendizagem e crescimento.

Uma vez que somos capazes de compreender o papel e a importância de cada hábito em nossa vida, o principal desafio é transformá-los de acordo com as nossas metas. Estou utilizando a minha rotina apenas para inspirá-lo a criar a sua, pois, como sempre digo: não adianta copiar o que eu faço; o que funciona para mim pode não funcionar para você. Mas sugiro fortemente experimentar essas práticas por tempo suficiente a ponto de sentir seus benefícios antes de desistir.

Ser constante e ter congruência são fatores primordiais nesse momento de desenvolvimento de novos hábitos. Por isso, praticá-los diariamente o tornará parte da sua rotina.

CAPÍTULO 10
COLOCANDO A MÃO NA MASSA

Promover mudanças profundas e significativas não é uma tarefa fácil, mas a recompensa faz valer todo o esforço: a conquista de novos resultados e uma vida com propósito e plenitude. A busca pelo equilíbrio chega a ser uma utopia para muitos, mas, a partir do momento que você a experimenta, a sensação de conseguir unir tudo aquilo que é verdadeiramente importante na sua rotina é sensacional. E acredite, se eu consegui, você também consegue. Quando aprendi a meditar e a praticar mindfulness, por exemplo, eu me julgava incapaz de conseguir manter aquele hábito, e hoje não sei viver sem ele.

A minha transição da vida workaholic para a vida worklover não foi fácil nem simples, pelo contrário, foi e ainda está sendo desafiadora, mas felizmente aprendi cedo a aceitar os desafios e encará-los, sem reclamação nem vitimização. Aprendi a lidar com os "nãos" da vida e a reagir a cada um deles, em vez de simplesmente me conformar.

Você precisa persistir e resistir à fase que costumo chamar de "arrebentação". Assim como o surfista tem que passar a arrebentação para poder aproveitar o mar em sua plenitude, nós temos de passar a fase de adaptação da nova rotina para poder usufruir dos seus benefícios em sua

COLOCANDO A MÃO NA MASSA

plenitude. Os primeiros noventa dias de mudança são os mais desafiadores, até que o que mudou se torne um novo hábito e você possa executar sua nova rotina com naturalidade, sem esforços, e usufruir de todos os benefícios que ela trará.

Você precisa imaginar um futuro positivo para que seja mais focado, tenha mais humor e energia no presente. Você será mais motivado e estará mais propenso a enxergar os pontos positivos de seus projetos. Isso é uma garantia de que você vai lapidar e ampliar as suas habilidades. Aprenda a aproveitar os momentos bons e ruins em seu trabalho e em sua vida. E a absorver apenas os aprendizados e pontos positivos dos momentos ruins, deixando lá atrás os erros e medos, se perdoando por eles.

Faça da realidade e do agora o seu presente, seu melhor amigo. Por isso, a importância de manter uma rotina saudável e funcional. Respire e reconheça que os momentos difíceis têm o seu fim. Tudo na vida é cíclico e nada permanece imutável.

Não seja tão centrado em si mesmo: seja mais útil no trabalho, nos grupos de que participa e mais amoroso na vida pessoal. Pratique o altruísmo e a empatia. Evite comparações, você é um ser único e perfeito em sua essência e totalidade. Descubra o aprendizado que jaz oculto no momento ruim e aproveite-o sem demora em benefício do seu crescimento e evolução.

O sucesso não depende somente das habilidades ou talentos que possuímos e sim de como enfrentamos e reagimos às situações da vida. Carol S. Dweck, psicóloga e professora de psicologia estadunidense, afirma em seu livro *Mindset: a nova psicologia do sucesso*[44] que tudo na vida depende de duas atitudes mentais: a fixa e a progressiva, que vou detalhar mais adiante.

---

[44] DWECK, C. S. **Mindset**: a nova psicologia do sucesso. São Paulo: Objetiva, 2017.

Estar consciente da sua mentalidade hoje lhe trará clareza para escolher entre essas duas atitudes mentais e, então, experimentar como cada uma delas pode fazer diferença. A atitude mental certa, unida a uma comunicação humanizada e somada à prática das ferramentas já descritas nos capítulos anteriores, o conduzirá até suas metas e conquista do sucesso em todas as esferas da sua vida, mudando seu cérebro e a forma de pensar e agir para muito melhor.

Atitudes mentais fixas podem mantê-lo estagnado e distante dos seus sonhos

Para Carol S. Dweck, a atitude mental fixa, ou *mindset* fixo, é o modo pessimista como vemos as coisas do mundo. O indivíduo não acredita mais ser possível mudar com o esforço e aprender com os próprios erros. As pessoas com atitudes mentais fixas têm pensamentos mais negativos e tendem a ficar paradas e desmotivadas diante de situações mais complicadas e distantes de seus sonhos.

Deixar de agir é o grande vilão daqueles que passam a vida sonhando, mas nunca acreditaram o suficiente em si mesmo para tomar ação. Nós crescemos e mudamos todos os dias, e a maioria de nós costuma evoluir, mas as pessoas com a atitude mental fixa ignoram essa verdade e escolhem acreditar que seus talentos e habilidades são fixos e imutáveis.

Essas pessoas pensam que estão presas ao nível de inteligência com o qual nasceram ou, que se elas não nasceram com um talento natural – como a dança, o canto ou línguas, por exemplo – permanecerão assim. Costumo simplificar dizendo que todos nós nascemos com a "HD" zerada e que se um de nós conseguiu desenvolver aquela ou qualquer habilidade, outro ser humano pode desenvolver também; afinal, nenhum de nós nasce prontos. Temos que nos lapidar sempre.

Além disso, quem tem o *mindset* fixo não aceita tentar algo novo por medo do fracasso, então nem começa nada. E, como busca constantemente a perfeição, permanece na zona de conforto desenvolvendo apenas o que já sabe ou aquilo em que possui facilidade. Acaba utilizando esse recurso como uma muleta para justificar a rotina de sempre, o autossabotamento e até mesmo a procrastinação.

Quando pensamos dessa maneira, todos os dias nos sabotamos e impedimos de alcançar nosso potencial e de atingir nossas metas e sonhos. Estamos aqui para evoluir. Com a atitude mental correta e muito trabalho duro e dedicação, podemos desenvolver novas habilidades, inteligência emocional e espiritual e competências que desejamos ter e que nos aproximarão das nossas metas.

A prática constante da atitude mental progressiva conduzirá a realização das suas metas

Ainda para Dweck, os indivíduos que possuem a atitude mental progressiva, ou *mindset* de crescimento, buscam desenvolver as habilidades e competências desejadas para atingir seus objetivos. Essa é a atitude mental certa, que fará a diferença em todas as áreas da vida.

As pessoas com atitude mental progressiva não têm medo de enfrentar os obstáculos e acreditam que o talento, a inteligência e a competência podem ser adquiridos e desenvolvidos ao longo da vida. Ninguém evolui na zona de conforto, bem como não existe conforto na zona de evolução.

Essa atitude mental encoraja as pessoas a aceitarem desafios, esforçarem-se ao máximo e aproveitarem as novas oportunidades, encarando-as sempre como aprendizado. E, mesmo quando não tiverem o resultado esperado, extrairão o ensinamento de cada situação. Ela abre possibilidades que poderiam nunca ter ocorrido, deixando claro que o potencial de uma pessoa está em constante evolução e, através do aprendizado e esforço, ela pode encontrar novas coisas pelas quais se apaixonar ou novos caminhos e possibilidades para o sucesso.

Adotar uma atitude mental progressiva significa se concentrar em como crescer, se superar, se desenvolver e melhorar o seu "eu" constantemente, aprimorando a sua própria versão. Nem que para isso você precise experimentar algumas possibilidades antes de se decidir por uma. Aprenda a mensurar os riscos e não tenha medo de experimentar ou errar.

Muitos têm crenças sobre o empreendedorismo que os impedem de seguir esse caminho. Acreditam que para empreender é preciso ter muito dinheiro, ou que o processo burocrático é muito complicado, por exemplo. Na realidade, o que eu aprendi ao longo desses 26 anos empreendendo é que quanto mais rápido, melhor e mais barato o seu projeto, maiores são as possibilidades de acerto e menores serão seus prejuízos de tempo e dinheiro, caso não dê certo.

A grande vantagem de começar pequeno e não arriscar muito é que as empresas pequenas são ágeis e podem falhar e consertar seus erros sem grandes prejuízos, ou melhor, com os riscos calculados. É comum que, no início de cada novo projeto, você não tenha total controle e domínio de tudo. E isso é um ponto positivo, porque significa experimentar e aprender com os erros e acertos na prática.

Seu sucesso é determinado por sua atitude mental e pela prática da comunicação humanizada

O que faz alguém alcançar o sucesso na vida pessoal e nos negócios e, com isso, a plenitude não é o talento inicial ou aptidão, nem a sorte também. É o fato de ter uma atitude mental progressiva e expressá-la,

A busca pelo equilíbrio chega a ser uma utopia para muitos, mas, a partir do momento que você a experimenta, a sensação de conseguir unir tudo aquilo que é verdadeiramente importante na sua rotina é sensacional.

colocá-la em prática através da comunicação humanizada, de forma personalizada e assertiva, além de se utilizar da empatia, da compaixão e do altruísmo para com o próximo. Nossos resultados dependem da maneira como pensamos e reagimos a cada nova situação. Se você pensa que tem o poder para mudar e aprender com cada experiência, então é muito mais provável que alcance o sucesso e utilize seus aprendizados como alicerce para isso.

Uma atitude mental fixa o fará se preocupar em provar-se o tempo todo; dessa forma, não será capaz de se concentrar em ser melhor. Você pode não estar fazendo o que ama, porque tem medo de não conseguir conquistar aquilo. Então, em vez disso, fica com o que sabe que consegue fazer, impedindo o seu potencial de crescer.

Os empreendedores que têm a atitude mental progressiva consideram os outros profissionais do mesmo ramo como companheiros e não como concorrentes. Eles sabem que o talento não é algo fixo e que podem, com esforço e aprendizado, melhorá-lo e aumentá-lo.

Além disso, sabem que qualquer um pode aprender com esforço, que o esforço – não o resultado – deve ser elogiado e que cada novo passo, por menor que pareça, deve ser reconhecido. Sabem também que cada um terá o seu nível de excelência em cada setor e seus próprios diferenciais enquanto seres humanos.

A comunicação humanizada, por exemplo, é algo que considero primordial, pois não é o que se diz, mas como se diz. Coloque-se no lugar do outro, em vez de simplesmente agir da forma como você gostaria de ser tratado. Até porque, como eu já disse anteriormente, somos seres únicos e especiais, em meio a quase 8 bilhões de pessoas no mundo. Ninguém tem as suas digitais, seus genes ou características idênticas, então busque sempre lapidar a sua melhor versão, pois são os seus talentos natos que vão diferenciá-lo da multidão. No entanto, vale lembrar que aprender a desenvolver habilidades complementares o ajudará a evoluir mais rápido e a se desfazer de antigas crenças limitantes ou paradigmas.

O empreendedor também precisa estar disposto a se comunicar com pessoas de todos os níveis para avaliar os problemas e pensar em maneiras eficazes de resolvê-los.

Enquanto empreendedora e líder de equipe, eu procurava sempre manter conversas constantes com meus colaboradores, sempre dando feedback pontual. Quando eram positivos, os fazia em público; quando eram negativos, os fazia em particular, de forma privada e individual. Sempre me preocupei com o bem-estar do meu time, não apenas com o meu, porque entendo que o sucesso de uma empresa precisa do esforço e comprometimento de todos que fazem parte dela. Nunca dependi apenas dos meus talentos para alcançar o sucesso. E, como costumo dizer, não precisamos "vestir todos os chapéus", podemos delegar as funções para as quais não temos o grau esperado de habilidade, sempre pensando nos interesses comuns e resultados finais da empresa como um todo.

Por isso, sempre valorizei cada colaborador, fazendo reunião de *brainstorming* mensalmente e em separado das reuniões de metas e resultados, justamente para que todos pudessem expressar sua opinião quando preciso. Cada colaborador, independentemente de cargo ou hierarquia, precisa ser capaz de apontar falhas em planos, projetos e processos. Pessoas com a mente progressiva podem utilizar um feedback negativo e transformá-lo em uma oportunidade de desenvolvimento, desde que seja comunicado com humanidade e empatia, mostrando soluções, enquanto mentes fixas vão simplesmente se sentir julgadas.

Empreendedores bem-sucedidos reconhecem que colaboradores com alto desempenho e produtividade são um ativo da empresa e que nunca devem, por nenhuma razão, ser prejudicados.

Empreendedor sem ação gera frustração

Infelizmente, saber a diferença entre a atitude mental fixa e a progressiva não garante que você tenha resultados imediatos – para isso, você precisa de ação, consistência e congruência. Mudar sua atitude mental leva tempo e muito esforço. Não será suficiente fazer apenas uma ou duas pequenas mudanças. É preciso olhar para tudo em sua vida de uma maneira nova e progressiva. Um passo de cada vez e passos felizes valem por três.

Você deve manter essa nova atitude mental e continuar seu crescimento. Com persistência, pode se tornar a pessoa que sempre se esforça e aprende em todas as situações. Então, poderá começar a promover o crescimento daqueles ao seu redor. Lembre-se de que será desafiador e que o esforço é aquilo que você deve reconhecer – em você e nos outros.

Felizmente, com as habilidades que vai adquirir com a prática da atitude mental progressiva, saberá que é sempre possível mudar para melhor. Nunca se esqueça de que nada o prende a seu estado atual. É possível mudar toda a sua perspectiva e abordagem na vida a fim de facilitar seu sucesso e crescimento. Você só precisa estar disposto a trabalhar duro e manter a atitude mental correta por meio da autoanálise frequente.

Você pode mudar quem você é, aumentar sua inteligência e descobrir novos potenciais escondidos. Todos nós somos seres multipotenciais, alguns mais, outros menos. Quem você é e o que pode fazer depende inteiramente de você, das suas escolhas e do bom e correto uso dos seus talentos.

Trabalhando a sua multipotencialidade

Multipotencialidade significa a habilidade de uma pessoa, com forte curiosidade intelectual e/ou artística, de alcançar o sucesso em duas ou mais áreas. Ou também pode se referir àqueles que têm interesses intelectuais focados em várias áreas do conhecimento, como o sujeito que empreende como fotógrafo, mas também se interessa por gastronomia, por exemplo.

Certa vez, em um evento em São Paulo, quando morava lá, encontrei uma amiga que não via há muito tempo, e ela me entregou seu cartão de visitas, no qual, de um lado, continha os seus dados, como nome, e-mail e telefone; do outro, havia uma descrição com doze atributos que ela disponibilizava para seus clientes. A princípio fiquei impressionada com a longa lista, que começava com empreendedora, escritora, entusiasta fitness, organizadora de eventos, treinadora, palestrante, dentre outras características muito legais que demonstravam a sua multipotencialidade. Depois que nos reaproximamos e comecei a acompanhá-la de perto, percebi que era possível não só desenvolver todas essas funções, como também desempenhá-las com maestria.

Muitas pessoas confundem profissionais multipotenciais com generalistas, ou profissionais superficiais, sem profundidade de conhecimento em seus diferentes ramos de atuação. Costumo dizer que nós podemos ter mais que uma potencialidade e lapidar inúmeras outras no decorrer da vida, e não precisamos necessariamente praticar todas ao mesmo tempo. Você não precisa passar uma vida inteira fazendo a mesma coisa para ser especialista ou expert em algo. A dedicação e o estudo são importantes e necessários, mas é possível ser detentor de múltiplos conhecimentos dentro e fora da área de atuação.

Eu me declaro multipotencial no empreendedorismo, pois já empreendi em quatro setores diferentes (estética, comunicação, marketing e *petshop*). Hoje, atuo no setor de desenvolvimento humano e profissional com treinamentos, palestras e mentorias. No entanto, depois que você aprende a empreender em você e cria os seus próprios processos, pode replicá-los em qualquer outro segmento, desde que tenha afinidade e conhecimento do setor. Se não o tiver, mas possuir afinidades, basta estudar e praticar.

Hoje, enxergo com clareza que empreender e ser multipotencial têm tudo a ver. Com a multipotencialidade vem a vontade de aprender sobre muitos assuntos e a necessidade de variedade na vida profissional. O indivíduo multipotencial é criativo e proativo. E empreender é a oportunidade de criar e desenvolver um projeto por inteiro, o que traz muitos aprendizados e conhecimentos ao mesmo tempo. Além disso, esta também é uma forma perfeita de unir duas, três, senão todas suas paixões e interesses em um trabalho só e ser recompensado financeiramente por isso. Empreender é uma ótima ideia para quem é multipotencial.

Como empreender sua multipotencialidade e não deixar que ela o sabote

Aqui, mostro como é possível se dedicar a uma ampla variedade de atividades ao mesmo tempo que simplifica sua vida e mantém o seu equilíbrio – isso sem deixar nenhuma das suas potencialidades de fora ou inexploradas.

Já trabalhou sonhando com o fim de semana? Ou voltou cansado das férias? Comigo, isso costumava acontecer com frequência. Se suas respostas foram afirmativas, talvez seja o momento de pensar sobre a convergência. Ela é o equilíbrio e alinhamento de todos os principais elementos da nossa vida. Para atingir a convergência, duas atividades são necessárias: livrar-se de tarefas, obrigações e expectativas desnecessárias e acolher uma ampla variedade de outros elementos que enriquecem nossa vida.

Você não precisa passar uma vida inteira fazendo a mesma coisa para ser especialista ou expert em algo.

Passo 1 – Exterminar o desnecessário

Se quiser enfrentar o mundo, viver com propósito e praticar a sua liberdade de expressão, precisará ser relativamente resoluto, porque seu caminho estará repleto de distrações e sabotadores todos os dias. E estes, de uma forma ou de outra, não o aproximam de seus sonhos e o impedem de alcançar as suas metas. Entre elas:

- mensagens de WhatsApp comerciais ou de marketing, que a maioria de nós recebe diariamente;
- trabalho sem propósito ou finalidade bem estabelecidos, imposto pelos outros ou que você cria para si mesmo;
- obrigações ou responsabilidades desnecessárias;
- passos que não agregam valor ao resultado final;
- crenças amplamente difundidas em relação ao trabalho e ao tempo (a crença de que você deve trabalhar um determinado número de horas por dia, por exemplo, sem considerar o que de fato é feito de produtivo nesse tempo);
- pessoas negativas, que nos influenciam a sermos mais negativos do que deveríamos – e isso é comprovado pela lei do contágio social;
- TV e redes sociais devem ser banidas ou ter tempo reduzido em horário predeterminado, então troque o tempo que você gasta com a televisão e as redes sociais para fazer algo mais significativo e que o aproxime das suas metas;
- celular apenas para falar com as pessoas com quem você realmente deseja conversar; outras conversas, mantidas só pelo bom costume, podem ficar de *stand-by* e ser respondidas em horários preestabelecidos.

Na dúvida de quais responsabilidades você deve exterminar, aplique o filtro a seguir. A resposta às duas perguntas – "por que eu deveria fazer isso?" e "o que acontecerá se eu não fizer?" – esclarecerá a necessidade de assumir ou não cada uma dessas responsabilidades. A partir de suas respostas, você perceberá que muitas dessas atividades poderiam ser delegadas a outras pessoas ou até mesmo descartadas, e que você poderia utilizar melhor seu tempo e suas multipotencialidades a seu favor. Essa prática faz sua agenda e rotina diária terem fluidez e evita sobrecargas desnecessárias, que são as grandes causadoras de estresse e preocupações extras.

Passo 2 – Praticando a abundância

Depois de exterminar tudo o que é desnecessário ou indesejável em sua vida, uma pergunta aparece: o que devo manter? Eu proponho que você viva com abundância daquilo que gosta e faz o seu coração vibrar de felicidade e que deixará um legado. Desde que não se torne escravo do trabalho e tenha tempo suficiente para dar atenção aos seus valores, que você se supere todos os dias, aprenda algo novo – não se acomodando – e tenha sempre em mente viver a sua melhor versão todos os dias.

Todos nós temos experiências únicas, tudo que experimentamos em nossa trajetória funcionará como um filtro que influencia nossa vida e determina a forma como enxergamos o mundo.

Para tornar claro e consciente o caminho da abundância, pergunte-se: o que realmente quero da vida? O que tenho a oferecer ao mundo que ninguém mais tem? Quais as dores ou necessidades do meu consumidor consigo sanar com minhas habilidades e experiência? Independentemente das suas respostas, a autoanálise e reflexão vão ajudá-lo a encontrar nelas as sementes para dar início à sua jornada de viver uma vida plena e fazer do mundo um lugar melhor para os outros.

Um princípio fundamental do trabalho de legado é que, normalmente, ele envolve a criação de algo novo e com talentos que se diferenciam.

Quando você cria, dá início a um novo projeto ou interação; quando você reage, só está mantendo uma interação existente.

Se quer se destacar em meio à multidão, deverá dedicar mais tempo à criação e ao desenvolvimento dos seus próprios projetos, levando em consideração seus valores e agindo sempre com propósito.

Para isso acontecer, esqueça aquele princípio "faça para os outros apenas aquilo que gostaria que fizessem para você". Substitua-o por: trate cada um de forma personalizada e aja com cada pessoa da forma como ela gostaria de ser tratada. Dedique-se a conhecer o seu cliente, o seu público, antes de fazer a proposta final – e o mesmo deve ser feito em relacionamentos pessoais e com colaboradores. A partir do momento em que sabe o que uma pessoa espera de você e de que forma pode ser útil a ela, fica mais fácil ser assertivo em seus relacionamentos e negociações.

O hábito de entregar mais do que foi pago para fazer, ou o que se chama de *overdelivery*, é algo que sempre considerei vital em qualquer carreira. Torne-se indispensável, cumpra as suas tarefas e descubra o que mais pode fazer para ser útil no seu trabalho, na sua empresa e para seus clientes. Ofereça sempre um mimo, um produto de cortesia, uma amostra grátis de um serviço, um bilhete personalizado ou uma ligação em datas especiais – tudo isso faz a diferença na vida dos seus clientes e colaboradores.

Ao longo da minha trajetória, conheci inúmeros profissionais multipotenciais e percebi que não há perda de excelência diante da pluralidade; ao contrário, são empreendedores de sua própria multiplicidade.

Quando resolvemos unir tudo o que a gente gosta ao nosso trabalho, a possibilidade de sermos felizes é muito maior, além de conseguirmos fazer por mais tempo sem nos cansar ou enjoar. Inovação é isso, fazer de forma diferente algo que já existe. Incrementando algo pessoal, algo que só você tem, um talento maior. Hoje em dia, quase tudo é commodity – valor comum, fazer o que todo mundo já faz.

Então, temos que nos diferenciar por nossos talentos e habilidades pessoais, e estes são treináveis, só depende da nossa ação e constância para serem desenvolvidos.

Pratique a humildade e peça ajuda quando preciso

Uma das características que considero mais importantes no ser humano e, claro, nos empreendedores é a humildade. Você precisa ser humilde para enxergar seus pontos fracos e, mais do que isso, precisa de coragem para tomar a atitude de pedir ajuda para executar seus projetos.

Eu sempre tive humildade para aceitar as minhas fraquezas e pontos a serem desenvolvidos e/ou melhorados, no entanto nunca tive facilidade para pedir ajuda para quem tem mais conhecimento do que eu ou de expor minhas dificuldades para pessoas que são mais experientes. Até que percebi que essa atitude estava atrasando a realização dos meus projetos e de alguns sonhos. Então, aprendi a pedir ajuda e tudo começou a fluir muito melhor e de forma mais ágil.

Aprendi também a criar uma boa rede de contatos. Através da construção do verdadeiro networking, aquele que foca em mais do que manter simples contatos, visando à conexão de pessoas por meio de afinidades e propósitos em comum. Para isso, levo em consideração algumas informações. Faça o mesmo:

- Fique atento e não desperdice nenhuma oportunidade de se conectar com as pessoas. Networking pode acontecer em qualquer lugar ou hora.
- Conheça pessoas que sejam referências no assunto que o interessa.
- Admita que você tem muito a aprender e converse com aqueles que podem ensinar.

- Antes de pedir algo, pense de que forma pode ser útil e se pode contribuir de algum jeito com essas pessoas, afinal a reciprocidade é o que vai manter essas conexões.
- Explique o seu porquê, os motivos que o levaram a criar esse projeto ou negócio.
- Participe de grupo de mentorias com profissionais mais experientes que você.
- Mesmo que você seja tímido, encontre afinidades e se aproxime dessas pessoas de forma descontraída.
- Peça feedbacks constantes aos clientes e se aprimore.

O poder da *mastermind*

Mastermind, ou mente mestre numa tradução literal, é a aliança de duas ou mais mentes que se unem em prol de uma meta ou de um propósito em comum. Ao atuarem em conjunto, essas mentes articulam todos os aspectos do mundo e criam o próprio sucesso de acordo com suas convicções.

O poder que é formado pela união de duas ou mais mentes e o resultado proveniente dessas experiências e vivências são muito mais fortes do que aqueles de uma mente que age sozinha.

O principal objetivo da *mastermind* é fazer um grupo de pessoas acima da média ajudar umas às outras com o poder do seu conhecimento, vivência, energia, entusiasmo e vontade de alcançar o sucesso. Isso tudo por meio de compartilhamento de experiências, troca de aprendizados, contatos e mais.

Fazer uso da criatividade e da estratégia coletiva estimula a inovação para administrar responsabilidades e cultivar uma visão estratégica de cenários novos no futuro. Com as pessoas certas, você cria ao seu redor uma aliança de mentes produtivas para resultados acima da média. É claro que a afinidade e a confiança aqui são de extrema importância para o êxito e sucesso de todos os envolvidos, mas essa é uma prática que você deve considerar para alcançar ainda mais resultados.

Um bom exemplo de *mastermind* é o Instituto Êxito de Empreendedorismo, que reúne centenas de mentes brilhantes em prol do incentivo e da propagação do empreendedorismo no Brasil, do qual o presidente e fundador é o prefaciador deste livro, Janguiê Diniz. Seus sócios são grandes empreendedores, como Geraldo Rufino, Ricardo Bellino, Márcio Giacobelli, Carol Paiffer, dentre outras mentes de sucesso dentre outras mentes de sucesso que formam esse time ao qual tenho orgulho de pertencer.

Faça da inovação a sua bússola

Inovar é ver oportunidade nos problemas, fazendo o que já existe de forma diferente e buscando por melhorias frequentes. A inovação de hoje não continuará sendo a inovação do futuro. Você não pode parar de inovar, pois o preço a se pagar pela falta de inovação pode ser muito caro.

Mesmo que você se considere uma pessoa visionária, algumas vezes, suas projeções serão diferentes da realidade. Quando isso acontece, você precisa pensar em mudar sua direção, buscando novas soluções para os diferentes problemas. Qualquer pessoa atenta aos sinais de mudanças e globalização pode criar soluções para melhorar a vida dos outros de acordo com a demanda. A boa notícia é que não precisa ser um gênio para fazer isso, basta prestar atenção ao problema alheio e ser criativo ao oferecer saídas.

Além disso, aproveite as vantagens de começar pequeno. Por exemplo, empresas gigantes têm dificuldades de criar vínculos e humanizar o contato com seus clientes e fornecedores – com isso, fidelizá-los e gerar a recompra fica mais difícil. Já você, enquanto pequeno empreendedor, pode criar vínculos reais com seus clientes e fazer seus colaboradores se sentirem satisfeitos e pertencentes ao negócio.

Dessa maneira, você vai desenvolver dois pontos importantes para sua empresa: o endosso, também conhecido como prova social, e a reputação. Quando um cliente gosta do seu serviço, ele recomenda para outras pessoas de forma espontânea. Não tenha medo de arriscar e de vender sua ideia. Mas não hesite, porque a inovação não espera por ninguém.

A chave para ser um empreendedor de sucesso e conquistar o equilíbrio entre a sua vida pessoal e os negócios consiste basicamente em duas características: a gestão eficaz do seu tempo e a humildade para desenvolver novas habilidades complementares e manter-se em constante aprimoramento.

A busca pelo equilíbrio entre a vida pessoal e profissional e plenitude está diretamente relacionada a um dos maiores desejos de grande parte da população que não está satisfeita com o *status quo* – o estado atual das coisas. Que não se conforma em viver na mediocridade, que não aceita nada menos que o melhor para si. E buscam constantemente evoluir, se desafiam, superam os próprios limites a fim de viver a sua melhor versão todos os dias.

O segredo é começar agora a agir, mesmo que você não se sinta completamente preparado. Mesmo que vá mudar e aperfeiçoar depois. Aliás, o aperfeiçoamento constante é primordial para o sucesso dos seus negócios. Aceitar que a busca por conhecimento e evolução deve ser uma constante. O importante é dar o primeiro passo. Aprender na prática. Conhecer pessoas. Ter experiências. Tudo isso é essencial para empreender e para todos os seus projetos futuros.

Ao colocar uma das suas ideias em prática, você não está abandonando a possibilidade de realizar todas as outras. Está apenas focando seu tempo e energia nela. Nada começa e se desenvolve se ficar só no mundo dos sonhos. Seu negócio pode se desenvolver para caminhos que você não espera, o escopo pode mudar mais para frente, você pode iniciar outro projeto paralelo ou finalmente descobrir qual seu denominador comum.

PLANO DE AÇÃO

Agora é hora de colocarmos em prática tudo que falamos até aqui. Nesse exercício é importante incluir em detalhes as ações necessárias para alcançar cada objetivo, prazo e responsabilidade da sua rotina.

Lembra-se das três metas que você selecionou no exercício do Capítulo 5? Agora você vai precisar delas para dar início ao seu plano de ação, pois de nada adianta sair agindo sem ter um planejamento bem estabelecido a fim de mensurar os resultados de suas estratégias. O PDA vai ajudá-lo a ter uma visão ampla de tudo o que você precisa para realizar cada uma das suas metas. Nele você estabelecerá: o que, quando, onde quem, razão/por que, como (ferramentas) e quanto terá que investir.

Isto feito, acompanhe semanalmente a posição/status de cada uma das metas estabelecidas. Procure começar com a meta de curto prazo, depois passe para as de médio e longo prazo. Assim que atingir a primeira meta, seu organismo produzirá dopamina, hormônio que lhe trará energia e ânimo para seguir em frente em busca do cumprimento das demais.

VIVA A SUA MELHOR VERSÃO

PLANO DE AÇÃO			
META			
	Metas (o que)	Quando	Onde
1.			
2.			
3.			
4.			
5.			
6.			
7.			
8.			
9.			
10.			

↑ Realizado   ↔ Em andamento   ↓ A ser feito

COLOCANDO A MÃO NA MASSA

PLANO DE AÇÃO
META

	Quem	Razão, por que	Como (procedimento)
1.			
2.			
3.			
4.			
5.			
6.			
7.			
8.			
9.			
10.			

↑ Realizado   ↔ Em andamento   ↓ A ser feito

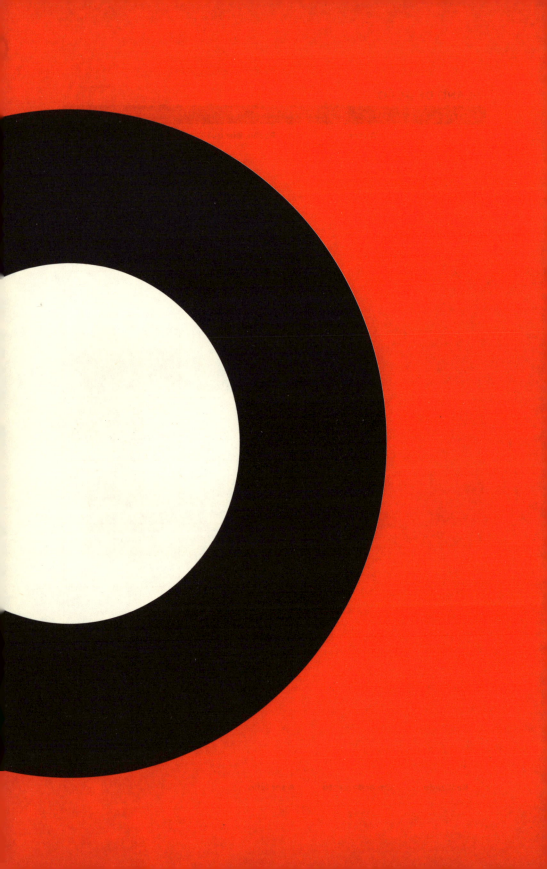

CAPÍTULO 11
POR FIM, A SUA MELHOR VERSÃO!

Ser bem-sucedido nos negócios e nas diversas esferas da vida pessoal, mantendo o equilíbrio emocional e a qualidade de vida, sem abrir mão de nossos valores e propósito, é o nosso grande desafio. Fácil não é, já vou deixando bem explícito. Mas pode ser simples se tivermos coragem para começar e persistência para seguir até atingir a sua plenitude.

Durante muitos anos, estudei, procurei modelar grandes empreendedores de sucesso e aprendi a conquistar altas margens de lucratividade, prosperidade e sucesso com a minha paixão profissional. No entanto, para alcançar o meu equilíbrio sem abrir mão dos meus valores pessoais e finalmente conseguir fazer a transição do estilo de vida workaholic para worklover, tive que me autoanalisar e investir tempo no meu autoconhecimento a fim de que isso se tornasse real.

Assim como eu consegui, de forma personalizada, ter consciência de todas as minhas maiores habilidades e talentos e encontrar quais eu precisava lapidar ou desenvolver para acelerar a realização das minhas metas e sonhos, também fiz questão de replicar esse processo com centenas de mentorados no decorrer dos últimos anos. Desde 2016 venho aplicando essa metodologia e os resultados têm sido incríveis.

POR FIM, A SUA MELHOR VERSÃO!

Então, se eu consegui e tantas outras pessoas conquistaram sucesso e equilíbrio na vida pessoal e profissional, você também consegue. Para isso, porém, sua vontade de vencer terá de ser maior do que seu medo de tentar.

Temos que acreditar em nossos sonhos e em nós mesmos todos os dias. Meditar e trabalhar firme neles com consistência e determinação. Se planejarmos muito, muito e muito, acabamos não fazendo nada. Não meça esforços e seja ousado; dessa forma, você se destacará em meio à multidão.

Jamais se esqueça da importância de praticar a atenção plena quando se tratar de suas prioridades – além de lhe trazer clareza em suas tarefas, também aumenta sua performance, ou seja, você terá mais resultados em menor espaço de tempo. No entanto, absolutamente nada disso lhe trará sucesso e equilíbrio, tampouco lhe conduzirá a viver a sua melhor versão, caso você não tenha a maior de todas as habilidades: a ação.

Como já disse antes, sonhos ou metas sem ação geram frustração. Identificar as crenças que limitam é simples, acreditar que amanhã será mais fácil também. O desafio sempre será promover mudanças e executá-las aqui e agora. Como sempre afirmo, lugar de sonhar é na cama e lugar de realizar é aqui e agora. Tire tudo da cabeça, coloque no papel e comece hoje mesmo de onde estiver e com o que possuir. Valorize cada novo passo ao encontro das suas metas e comemore pequenas conquistas, pois serão elas que garantirão a sua dose de dopamina para seguir executando seu plano e persistir até efetivamente atingir cada uma das suas metas e sonhos.

Não deixe a sua felicidade e plenitude para amanhã, pois o amanhã pode nunca chegar. O único responsável por sua felicidade é você, então jamais atribua a outros a maior responsabilidade da sua vida. Não se acomode com o *status quo*, esteja sempre aberto a novas ideias, reinvente-se e crie inovações – atitude para com a vida de extrema importância em qualquer cenário.

Enquanto muitos dizem que o recurso mais escasso no mundo moderno é o tempo, eu digo que é o agora, o momento presente. Pois, na verdade, todos nós já temos a capacidade de viver plenamente a felicidade no agora.

Viva intensamente a sua verdade com consciência e presença de espírito. Tudo aquilo que faz o seu coração vibrar de felicidade vale a pena ser vivido. A vida é efêmera e passa num sopro, então viva agora, realize seus sonhos agora, ame e seja amado agora, perdoe e seja perdoado agora, dê o devido valor a tudo que é primordial agora, não deixe de fora nada que você ama e com que se importa verdadeiramente. Caso contrário, se arrependerá lá na frente por não ter valorizado o que realmente é importante para você.

Faça primeiro por você e para você, com propósito e com muito amor e compaixão. Faça a gestão da sua vida, seja líder de si mesmo, encontre o seu ponto de equilíbrio; depois, espalhe para todos ao seu redor e contagie o mundo com o seu exemplo, pois só assim, através do exemplo e dos resultados após as mudanças e transformações, conseguirá verdadeiramente motivar e inspirar o próximo a percorrer o mesmo caminho.

Acima de tudo, não desanime e jamais desista de acreditar. Durante essa trajetória de transição e mudanças, muitas pessoas menos fortes que você tentarão desanimá-lo, afirmando que seus esforços serão inúteis, mas a sua persistência e resiliência provarão o contrário.

O sucesso não tem a ver com o dinheiro, e sim com a diferença e contribuição que você faz na vida do próximo. É exatamente essa contribuição que fará do mundo um lugar melhor para se viver.

Com isso em mente, sugiro que revise os itens abaixo, crie o seu plano de ação e comece hoje mesmo a agir com:

POR FIM, A SUA MELHOR VERSÃO!

- **Paixão:** você precisa ser apaixonado por seus projetos e seus talentos.
- **Propósito:** precisa estar bem estabelecido e claro para seus clientes e alinhado a seus valores.
- **Entusiasmo e energia:** para não correr o risco de estagnar ou cansar dos seus projetos. Aja com entusiasmo, ele o ajudará a seguir e impedirá que você procrastine. Sinta-se bem consigo mesmo, cuide bem da sua saúde física e emocional, e também da sua aparência, pois ela influencia a primeira impressão que você causa em pessoas que podem ser fundamentais em sua jornada para a conquista do seu sucesso e equilíbrio na vida pessoal e profissional. Além disso, o entusiasmo é primordial para todas as atividades que envolvam falar em público, persuadir e influenciar ou gerar vendas. Os maiores empreendedores que eu conheço se utilizam desse princípio e são capazes de vender a si mesmos tão bem quanto vendem seus produtos ou serviços.
- **Respeito:** trate seus colaboradores e clientes com respeito e atenção.
- **Automeritocracia:** comece pequeno e comemore cada passo.
- **Autoconfiança:** acredite em si mesmo. Acredite que você é digno de sucesso e está pronto para alcançá-lo. Sem essa certeza, provavelmente não chegará a lugar nenhum. Sem autoconfiança você não conseguirá conquistar as pessoas necessárias para vencer na vida.
- **Extermine os medos e livre-se de sentimentos tóxicos:** o medo e as amarras mentais que nos impedem de seguir são as principais causas de fracassos e do crescente aumento da pobreza. Primeiro identifique-os e depois extermine-os, como o medo de envelhecer, perder seu grande amor, empreender, errar, o medo da pobreza, das críticas, de opinião alheia, problemas

de saúde, morte. Tudo aquilo que você vibra em pensamentos você atrai. Então, foque suas forças e extermine o que o enfraquece e impede de agir.

- **Meta principal clara e bem definida:** você precisa definir uma meta principal antes de pensar em alcançá-la. Essa meta principal vai nortear seus pensamentos e guiar as suas ações de forma a focalizar no que realmente importa em cada momento da sua vida.
- **Visão e execução (plano de ação):** enquanto a visão lhe diz para onde você está indo, o plano de ação determinará o que e como fará para chegar lá.
- **Seja agradável, tenha uma personalidade agradável:** para isso, você terá que se abster de julgar as pessoas, de se lamentar, se vitimizar e reclamar que está cansado ou indisposto. Se optar por ter uma vida medíocre, você não precisa ser agradável, mas para alcançar o sucesso, sim. Quem tem uma personalidade agradável e alto-astral atrai pessoas e outras forças positivas para si.
- **Comprometimento:** você precisa ter consistência e se comprometer a manter o foco com persistência e determinação.
- **Inovação:** reveja e inove seu modelo de negócio com frequência; e não se acomode com o *status quo*.

Esqueça as dores do seu passado e quem as causou, mas jamais esqueça o aprendizado e as lições que aprendeu. Dessa forma, evitará cometer o mesmo erro.

Valorize e administre seus momentos bons com sabedoria, entenda e aprenda o caminho que o levou até lá. Para poder replicá-lo sempre que desejar, nossas atividades mentais podem e devem ser mapeadas.

Tudo aquilo que faz o seu coração vibrar de felicidade vale a pena ser vivido. A vida é efêmera e passa num sopro, então viva agora, realize seus sonhos agora.

Apaixone-se pelo processo, não tenha pressa de chegar. Estar sempre apressado para chegar aos picos faz com que você não preste atenção nos ensinamentos que os "tropeços" do caminho lhe trouxeram. Porque, na verdade, os momentos mais desafiadores de nossa vida são os que mais nos ensinam e colaboram com nossa evolução emocional, intelectual e até mesmo espiritual.

Seja humilde e pratique a gratidão, mesmo quando a ocasião não for a melhor. Continue fazendo tudo cada dia melhor, dando o seu melhor. Teste os seus próprios limites, seja melhor que você mesmo e busque sempre a sua evolução e superação. Celebre cada nova tentativa e todo seu esforço. Isso o ajudará a não desistir.

A vida pode ser um grande aprendizado num mar de aventuras, basta você se permitir, acreditar em si mesmo e perceber que o céu não é o limite para quem vive a sua melhor versão todos os dias, se amando, perdoando, respeitando seus limites, absorvendo só o que a vida ensina de positivo e exterminando tudo que não agrega, todo o lixo dos sentimentos e pensamentos tóxicos. Não se acomodar com o *status quo* é não se contentar com menos do que o melhor.

O extraordinário mora justamente na importância que você dá a cada dia que nasce, a cada momento em que você existe. O seu agora é o seu presente. Seu passado não define seu futuro, mas o seu presente, sim. O que você faz hoje – não apenas o que pensa, deseja ou sonha – refletirá nos seus resultados de amanhã. Quando digo que precisamos nos superar todos os dias, não estou me referindo a nada estratosférico, mas ao fato de que temos que nos manter em movimento e de que pequenos passos, desde que sejam alegres, valem por três.

Aliás, como disse na introdução desse livro, eu acredito que você pode e deve se inspirar em histórias reais de superação e perceber que se eu consegui superar minhas dificuldades e limitações, criando uma nova realidade muito mais saudável e funcional, você também pode.

É importante reforçar que a maior responsabilidade da sua vida é a sua felicidade e realização, então não a delegue para outros e muito menos para o amanhã.

Como sempre digo: realizar é muito melhor que sonhar. Lugar de sonhar é na cama e lugar de realizar é aqui e agora. Guarde com você todos os passos dessa jornada que fizemos juntos, não procrastine e não deixe a sua felicidade para depois. O seu futuro está em suas mãos, basta dar o primeiro passo hoje, estabelecer metas diárias e mensurar se elas o estão aproximando ou afastando dos seus sonhos.

O grande diferencial de todas as práticas que aponto neste livro para que você viva sua melhor versão em todas as principais esferas da vida e encontre o seu ponto de equilíbrio é o fato de que elas são treináveis e podem ser praticadas por qualquer pessoa em qualquer lugar. Portanto, independentemente da sua área de atuação profissional, torne-as parte da sua rotina de forma a orientar a sua mente para a positividade e evolução continua.

Você está pronto para romper com o *status quo*, exterminar a sobrecarga e conquistar tudo aquilo que sempre desejou? Porque ter plenitude e abundância na vida e nos negócios é de Deus: "Vim para que tenha vida e vida em abundância" (Jó 10:10). Comece agora mesmo a viver a sua melhor versão!

Este livro foi impresso
pela Gráfica AR Fernandez
em papel pólen bold 70g em
outubro de 2020.